edition chrismon

Bibliografische Information der Deutschen Bibliothek: Die
Deutsche Bibliothek verzeichnet diese Publikation in der Deutschen
Nationalbibliografie; detaillierte bibliografische Daten sind im
Internet über http://dnb.ddb.de abrufbar.

Autor: Klaas Huizing
Umschlagillustration: Alfons Holtgreve
Umschlaggestaltung: Kristin Kamprad
Fotos: AKG-images (S. 50; S. 69) bpk (S. 59)
Satz: Ellina Schulz
Druck und Bindung: Lindendruck Verlagsgesellschaft mbH, Hannover

Printed in Germany, ISBN 978-3-86921-005-6

Klaas Huizing

FÜRCHTE DICH NICHT

DIE KUNST DER ENTÄNGSTIGUNG

Für
Hermann Timm zum 71.

„Die Idee des Lesers ist die Muse und Gehülfin des Autors."
Johann Georg Hamann

INHALT

DER ANSAGER

Onkel Johann fuhr Deutz. Nicht McCormick. Nicht Hummel. Sein Vater fuhr bereits Deutz. Und er kannte jede Schraube und jede Mutter an seinem Trecker. „Den kriegt man einfach nicht kaputt. Und einen McCormick? Nee. Das sind immer Montagskisten." Meine Schwestern und ich nannten unseren Nachbarn Onkel Johann, er war erster Nachbar, wie meine Mutter stets sagte, aber ich vergaß zu fragen, was diese Wörter genau bedeuteten. Er wohnte unserem Haus am nächsten, wir spielten beinahe jeden Nachmittag auf der großen Diele mit seinen Töchtern, und er nahm mich häufig mit, wenn er mit seinem Traktor zum Melken fuhr. Ich saß dann über dem großen Rad auf einem vergilbten Schaumstoffkissen, musste ihm immer versprechen, mich gut festzuhalten, dann öffnete er mit einem Ruck die Windschutzscheibe, zog den Choke und startete. Oft musste er fünfmal orgeln, bis sein Deutz ansprang. Erst dann zündete er sich einen Stumpen an, hustete, zwinkerte mir zu, tippte an seinen Cordhut und wir fuhren los. Jede dieser Fahrten war besser als Autoscooter.

—Onkel Johann war nie sehr gesprächig, summte aber oft die Melodie eines Psalms, wenn er auf seinem Melkschemel saß, halb unter der Kuh verschwunden. „Milchkühe sind sehr religiös. Wenn man nicht summt, wird die Milch sauer." Ich hockte mich hin, in „gebührendem Abstand", wie er sagte, weil die Kühe oft ausschlugen. Später hat er mir dann auch mit einigem Stolz gezeigt, wie man eine

Kuh melkt – die große Kunst, zwischen Druck und Zug zu variieren. Und ich summte natürlich auch einen Psalm. Das war meine musikalische Früherziehung.

——In den ersten Jahren habe ich Onkel Johann nur in seinem verwaschenen und geflickten blauen Overall mit dem braunen Cordhut gesehen, weil er sonntags eine andere Kirche als wir besuchte und wir sonntags zu Hause spielen mussten. Und ich habe ihn nie hochdeutsch, sondern nur plattdeutsch reden hören. Glückliche Jahre, und doch hat Onkel Johann mir die größte Angst meiner Kindheit eingejagt.

——Ich war etwa vier Jahre alt, als es klingelte. Ich ging mit meiner Mutter zur Tür. Draußen stand ein fremder Mann in einem schwarzen Anzug mit einem Zylinder auf dem Kopf. Ängstlich verkroch ich mich hinter meine Mutter. Dann sagte dieser Mann in einem seltsam klingenden Hochdeutsch: „Frau Huizing, Ihnen wird der Tod der Witwe Boerendiek angesagt. Sie ist am Montagmorgen im Frieden des Herrn entschlafen. Die Sarglegung ist heute Abend um 17 Uhr im Trauerhaus. Der Beerdigungsgottesdienst findet am Freitag um 15 Uhr in der großen Kirche am Markt statt, anschließend ist die Beisetzung auf dem reformierten Friedhof. Die Familie Boerendiek lädt Sie hiermit zur Beerdigung ein." Dann verbeugte er sich, meine Mutter sagte: „Vielen Dank, Herr Nachbar! Wir werden natürlich kommen!", dann schloss sie die Tür.

——Meine Mutter konnte mich kaum beruhigen. „Es war doch Onkel Johann! Hast du ihn denn gar nicht erkannt? Er ist doch unser erster Nachbar und es gehört zu seinen Aufgaben, uns den Tod anderer

Nachbarn anzusagen. Vor Onkel Johann muss du dich nicht fürchten!" Erst nach einer Woche traute ich mich wieder, zum Nachbarn spielen zu gehen. Onkel Johann trug seinen blauen Overall und sein Cordhütchen. Und meine Mutter und er duzten sich wieder, wenn sie sich begegneten.

—— Es war meine erste Begegnung mit dem Tod. Die Angst vor dem Tod trug einen schwarzen Zylinder.

OBEN OHNE

DAS LEBEN MIT DER ANGST

Ein gedämpfter Klingelton signalisiert mir den Eingang einer neuen Mail. Oft überhöre ich ihn, so wie man das Rattern einer Straßenbahn überhört, wenn man ein Büro an einer Bahntrasse bewohnt. Und manchmal überhöre ich den Ton absichtlich, weil ich nicht der Sklave meiner elektronischen Post werden will. Aber wenn ich bei meiner Arbeit nicht vorankomme oder müde bin, öffne ich bereitwillig meinen Account. Bevor ich die E-Mail lese, kontrolliere ich immer, was die GMX-Redaktion mir als wissenswerte News anbietet oder welches medizinische Quiz ich lösen soll – das in der Regel von der pharmazeutischen Fabrik Pfizer, die die Urangst des Mannes mit Viagra therapiert hat, geschrieben und gesponsert wird. Mein Blick fällt auf den Titel *Oben ohne*. Und verhakt sich. Natürlich. Unterzeile: „Wie weit würden Sie gehen? Von einer Frau, die sich freiwillig von ihren Brüsten trennte. Ihre Erfahrung hat sie in einem Buch verarbeitet. Mehr." Natürlich klicke ich, plötzlich hellwach, auf „Mehr"!

—— „Drastischer Schritt: Freiwillige Brustamputation. (sst/cfl) – Brustkrebs ist der Alptraum jeder Frau. Das Krankheitsrisiko von Evelyn Heeg lag bei fast 80 Prozent, daher entschied sich die Freiburgerin schweren Herzens im Alter von 30 Jahren, sich ihre beiden Brüste amputieren zu lassen. Jetzt – vier Jahre später – erscheint Heegs Buch ,Oben ohne', in dem sie ihr Schicksal schildert. ,Meine Mutter starb, als ich vierzehn Jahre alt war', berichtet Heeg in ,Oben ohne'. Ihre Mutter hatte Brustkrebs. Das gleiche Schicksal ereilte drei Tanten und später ihre Großmutter – die Frauen verloren alle wegen der Krebserkrankung ihr Leben. Ein Bluttest gab den Ausschlag für die Operation: Er bestätigte, dass bei Evelyn Heeg das Gen ‚BRCA1‘, das vor Tumoren schützt, nicht funktionierte. Neun Stunden dauerte der Eingriff, bei dem die Chirurgen das Brustgewebe bis auf einen Millimeter entfernten und die Brüste mit Fett aus ihrem Gesäß neu aufbauten. Die Ärzte tätowierten schließlich die nachgebildeten Brustwarzen, damit sie eine dunkle Farbe bekamen. Alles in allem kostete die medizinische Behandlung 30 000 Euro. Die Krankenkasse übernahm diesen Betrag vollständig. Auch vier Jahre danach sind die Nerven noch durchtrennt: ‚Die Tatsache, dass ich kein Gefühl mehr in den Brüsten habe, behindert mich nicht. Selbst beim Sex nicht. Die Brust als erogene Zone fällt natürlich aus.‘" (GMX, 10.02.2009)

—— Offensichtlich ändern sich im Laufe der Geschichte die Erscheinungsformen der Angst. Platzangst, Höhenangst, Klaustrophobie – diese Ängste haben bereits eine längere Karriere hinter sich. Die Flugangst war für die Generation unserer Urgroßeltern nicht existent. Erst die Flugingenieure haben ein Flugobjekt erfunden, das zu besteigen vielen Menschen, die im Alltag mit einer hohen Technikgläubigkeit überzüchtete Autos fahren, große Ängste bereitet.

—— Jetzt gibt es in einer neuen Variante die Vererbungsangst, die durch genetische Studien sehr real untermauert wird. Das aufgegriffene Beispiel unterstreicht die neue Qualität drastisch. Die betagte Angst vor Arztbesuchen bekommt eine neue Schärfe: Jetzt gibt es auch Ärzte, die als datengestützte Propheten auftreten. Die Angst hat jetzt Zahlen und Prozent. Fraglos hat auch die genetische Forschung die Angst vor einigen Krankheiten nehmen können, sie hat aber, das zeigt das Beispiel, auch neue Ängste gezeugt. Die Summe der Ängste wird offensichtlich nicht kleiner.

—— Oder sind die Deutschen ängstlicher als andere Nationen? Sehen die Deutschen überall Gefahren, die Angst auslösen? Das Wort Angst schaffte es in den englischen Sprachschatz und wird gerne als *German Angst* kolportiert. Gibt es eine spezifisch deutsche Zögerlichkeit? Ich empfinde den Ausdruck German Angst vor dem Hintergrund der deutschen Geschichte fraglos als entlastend.

—— Und die ganz alten Ängste? Gibt es sie auch noch? Die Höllenangst und die Angst vor dem Fegefeuer etwa? Ist die Angst vor der Hölle und dem Fegefeuer durch die Aufklärung definitiv abhandengekommen? Sind die Hölle wir selbst?

—— Oder ist die Hölle die Angst vor einem unwürdigen Ende des Lebens? Die kontrovers geführte Debatte um die Patientenverfügung macht die Angst fernsehtauglich. Die Vorstellung, die Selbstbestimmung am Ende des Lebens aufgeben zu müssen, gegen den erklärten Willen und abhängig vom Ungeist der Maschinen künstlich am Leben erhalten zu werden, hat die Angst vor dem Tod zur Angst vor dem Sterben umgewidmet.

—— Verdichtet sich die Angst der Gegenwart vielleicht zur Angst vor der Einsamkeit? Partnerschaftliche Beziehungen haben nicht mehr die gleiche Bindungskraft wie früher. Die traditionelle Familie ist längst auf dem Rückzug, Patchworkfamilien, ein Begriff, der Ängste wunderbar kaschiert, sind an der Tagesordnung. Die Witwe in Schwarz aus vergangenen Jahrzehnten ist zur bunten Scheidungswitwe geworden, die bis ins hohe Alter attraktiv bleiben muss, um den zweiten oder dritten Ehemann zu erobern. Die Schönheitschirurgie hat aus der Angst vor dem Attraktivitätsverlust ein lukratives Geschäft gemacht. Verführte die Schlange aus dem Paradies Eva noch zu einem vitaminreichen Apfelbiss, so lässt sich die Eva der Gegenwart das Gift der Schlange als Creme verabreichen, um die Faltengräben auszupuffern. Und die Männer joggen sich morgendlich beinahe zu Tode, offiziell, um der Angst vor dem Herzinfarkt muskelsauer zu begegnen.

——In Zeiten der Finanzkrise fällt auch die Versicherungsindustrie, die größte Anti-Angstagentur der Gegenwart, aus, weil viele Institute plötzlich auf (staatliche) Rückversicherer angewiesen sind. Und der Staat ist leider beinahe bankrott.

——Wir rackern uns ab und werden die Angst doch nicht los. Und wer hilft beim klugen Umgang mit der Angst?

——Traut sich noch ein Berufsstand oder eine Wissenschaft zu sagen, was die Angst ist und wie mit ihr verfahren werden soll? Wen darf man fragen: die Philosophen, die Theologen, die Psychotherapeuten oder die teuren Coaches und Trainer, die Angst durch Mutproben therapieren und basisdemokratisch allen Klienten Bungee-Jumping empfehlen?

——Wohin soll man sich also wenden? Gibt es noch die großen Theorien, die sagen, was definitiv der Fall ist, auf die man sich verlassen kann, weil sie die Wahrheit auf ihrer Seite wissen?

——Ach, auch diese Hoffnung ist dahin. Die großen Theorien sind auch nicht mehr das, was sie einmal waren. Die Megatheorien, die

Wahrheit versprechen, haben Patina angesetzt. Der Begriff der Wahrheit, den jede Theorie im Rucksack führt, ist längst ein ausgefranster und müde besiegter Begriff. Mit viel Witz hat Jochen Hörisch in seiner Theorie-Apotheke eine überbordende Fülle an Wahrheitsbegriffen zusammengetragen, die jeden Leser schwindelig macht. Ein Exerzitium in Demut. Von den achtzehn genannten Wahrheitsbegriffen will ich wenigstens die ersten drei nennen:

„• Der Inkarnations-Begriff von Wahrheit: Wahr ist, was derjenige sagt, in dem das Wort Fleisch ward.

• Der Charisma-Begriff von Wahrheit: Wahr ist, was wir beglaubigen, indem wir einem mitreißenden Charakter Folge leisten.

• Der Konsens-Begriff von Wahrheit: Als wahr soll gelten, worüber wir nach Abwägung aller denkbaren Einsprüche und Argumente Einvernehmen erzielen. " (Jochen Hörisch: Theorie-Apotheke, 2004, 18 f.)

——Nicht ohne Witz beginnt Jochen Hörisch seine Aufzählung mit einem theologischen Wahrheitsbegriff – Wahrheit als Inkarnation, gemeint ist die Fleischwerdung Gottes in Jesus Christus, der von sich gesagt haben soll, er sei der Weg, die Wahrheit und das Leben (Johannes 14,6). Dieser Wahrheitsbegriff ist, wenn man ihn nicht borniert fundamentalistisch auslegt, sehr strittig. Was etwa sind die echten Jesusworte, die die Wahrheit aussprechen? Fragt man drei Neutestamentler, bekommt man, da bin ich mir sicher, drei höchst unterschiedliche Antwortlisten. Es besteht wenig Hoffnung auf Eindeutigkeit.

——Auf einen Wahrheitsbegriff wird man sich so schnell nicht einigen können. Daran sieht man, welche Tücken etwa die von Jürgen

Habermas favorisierte Konsens-Theorie der Wahrheit hat – sie ist leider nicht konsensfähig.

———— In Zeiten der Postpostmoderne scheinen die großen Systeme und Theorien ihre Deutungskraft verloren zu haben. Was bleibt also zu tun?

———— Wir müssen uns wieder tastend vorarbeiten, die Phänomene genau beobachten und gemachte Erfahrungen auswerten. Ich versuche, mich persönlich und subjektiv dem Thema zu nähern, professionell gesprochen habe ich das Genre *personal essay* (vgl. Nils Minkmar: Mit dem Kopf durch die Welt: Ganz persönliche Geschichten aus der Normalität, 2009) gewählt, weil ich genau Rechenschaft darüber ablegen will, wie ich zu Erkenntnissen und Einsichten gekommen bin. Stationen der Einsichtgewinnung also, die zu folgendem Ergebnis führen: Große Literatur ist der Übungsraum gegen die Angst, und die drei großen Sinnagenturen, die einen klugen Umgang mit der Angst versprechen, die Philosophie, die Psychotherapie und die Theologie, sind Mägde der Literatur.

———— Ich beginne meinen Parcours im Bett, morgens, wenn die Traumgesichte noch im Zimmer sitzen und es leichter fällt, sich der eigenen Geschichten zu erinnern. Wie war es mit der Angst in meiner eigenen Geschichte?

———— Es beginnt alles mit dem großen Kummer meiner Großmutter.

DREI GENERATIONEN ANGST

ANGST

MORGENDLICHE ERINNERUNG

An jedem ersten Donnerstag eines Monats lud meine Großmutter, klein an Wuchs, aber mit einer kräftigen Stimme gesegnet, die sie größer erscheinen ließ, ihre Freundinnen zum Tee: Frauen mit heute wunderbar altmodisch klingenden Namen wie Gertien, Swantien oder Hermina, stets, wie auch meine Großmutter, in dunklen Kleidern gewandet, weil die älteren Frauen jener Generation die Trauerkleider beinahe nie ablegen durften. Immer gab es in den großen Familien einen Toten zu betrauern, ein halbes Jahr lang den Schwager, ein Jahr den Bruder, die Schwester, das Kind, den Ehemann, eine, Hermina, betrauerte auch den zweiten Ehemann. Die Augenlider immer auf Halbmast.

—— Bevor die Freundinnen kamen, richtete meine Großmutter ihren künstlichen Haarknoten, in dem noch einige Strähnen ihres ehemals rotblonden Haars wehmütig aufbewahrt waren, steckte eine an einen Orden erinnernde Brosche an, ersetzte die Alltagsschuhe durch Schuhe mit höherem Absatz, dann stellte sie die vier Sammeltassen mit den schmalen Goldrändern auf einen kleinen, mit einer Spitzendecke geschmückten Tisch, bereitete den Tee zu, einen stets in meiner Erinnerung ein wenig muffig riechenden Tee, der alle anderen Gerüche erstickte. Die Freundinnen, mit denen sie mit einer Ausnahme bereits zur Schule gegangen war, kamen pünktlich um drei und gingen um fünf. Ebenso pünktlich. Ein Ritual, an das sich in unserer Familie jeder gewöhnt hatte. Das war dann der Donnerstag, an dem meine Großmutter nicht in dem holzgetäfelten Büro meines Vaters Rechnungen schreibend anzutreffen war und an dem ich sie nach ihrem Mittagsschlaf auch nicht anbetteln durfte, mir eine Geschichte vorzulesen – ein Wunsch, den sie mir an den anderen Tagen nie abschlug.

___Sie las mir oft mit einer samtenen Stimme, die kaum an die das Befehlen gewohnte Stimme des Alltags erinnerte, meine Lieblingsbücher vor, Rin Tin Tin, ein Vorläufer der Lassie-Serie, oder die Bücher von Johanna Spyri, für die sie eine Schwäche besaß, *Schloß Wildenstein* war ihr Favorit und *Verirrt und gefunden*. Dazu gab es jeweils drei Kluntjes (Kandis), öfter auch ein Nappo, jene rautenförmige Kaumasse mit Schokoladenüberzug, die den Mund und die Zähne so herrlich verklebte und Zwischenfragen unmöglich machte. Zu trinken gab es immer einen mit Wasser gestreckten eingekochten Fruchtsirup, eine sparsame Variante des nur an Geburtstagen aufgetischten Tri Top. Rundum glückliche Stunden aus der Untersicht.

___Ich erinnere mich, dass ich einmal meine Großmutter, kurz nachdem ihre Freundinnen gegangen waren, in ihrem plüschigen und immer überheizten Wohnzimmer antraf – meine kleine Großmutter als einziger großer Kummer. Ohne mich anzuschauen, sagte sie: „Jetzt kenne ich alle meine Freundinnen bereits ein ganzes Leben lang, sie sind mir ans Herz gewachsen, wie traurig, dass ich keine im Himmel wiedersehen werde." Meine Großmutter, die das verblassende Gedächtnis meines Großvaters viele Jahre ersetzen musste, war sich ihrer Sache bis zu ihrem Tode ganz sicher: Ihre Freundinnen gehörten der reformierten Kirche an, sie selbst einer Abspaltung, einer konservativ altreformierten Variante (holländisch: hervormd und gereformeerd), und sie war felsenfest davon überzeugt, dass ihre Freundinnen, die offenbar einem falschen Bekenntnis anhingen, an den Pforten des Paradieses leider mit Bedauern abgewiesen werden würden. Mit welchen Konsequenzen auch immer.

—— Es ging nicht etwa um den damals breiten Graben zwischen katholisch und evangelisch oder den kaum schmaleren zwischen lutherisch und reformiert: Es ging um eine minimale Abspaltung und Differenz innerhalb der reformierten Kirche. Katholiken und Lutheraner kamen für meine Großmutter von einem anderen Stern. Sicherlich brave Menschen, durchaus, durchaus, aber leider römisch oder halbrömisch verblendet. Ohne sichtbare Angst, auf dem Totenbett singend, ist meine Großmutter gestorben: *Wie wird's sein, wie wird's sein, Wenn ich zieh in Salem ein, In die Stadt der gold'nen Gassen! Herr, mein Gott, ich kann's nicht fassen, Was das wird für Wonne sein!* Ich habe dieses Bild nie vergessen, krame es in Zeiten persönlicher Nöte immer wieder hervor, oft verwundert, manchmal erschrocken, manchmal traurig über den eigenen Verlust an Sicherheit, manchmal, eher selten, auch getröstet.

—— Ob meine Großmutter jemals mit ihren Freundinnen über religiöse Fragen gesprochen oder sogar gestritten hat, ob sie, die in geschäftlichen Fragen mit eiserner Notwendigkeit regierte und sogar zornig werden konnte, wenn sie sich übervorteilt fühlte, ihre Freundinnen bekehren wollte, weiß ich nicht. Leider habe ich sie nie danach gefragt. Wahrscheinlich haben alle das Thema an den Donnerstagen in dem überhitzten Wohnzimmer meiner Großmutter, halb versunken in den durchgesessenen Sesseln, ausgeklammert und sich ihrer Toten erinnert. Meine Großmutter begleitete ihre Freundinnen auf viele Beerdigungen, ich kann mir aber nicht ausmalen, was sie dachte, wenn sie in der definitiv falschen Kirchenbank saß, dem falschen Pastor während der Predigt in einer viel zu grellen und bunten Kirche lauschte und anschließend konzentriert für den Verstorbenen betete. Betete sie um Gnade? Oder betete sie für die späte Einsicht bei ihren Freundinnen?

—— Bis auf diesen einen Moment trug meine Großmutter übrigens auch nicht schwer daran, ohne ihre Freundinnen das ewige Leben bestehen zu müssen. Meine Großmutter fürchtete sich vor dem Gewitter, das ja, sobald ein Gewitter heranzog, mussten sich alle Familienmitglieder in der Küche versammeln, und bei jedem Donnern stöhnte sie laut auf, sogar wenn das Gewitter verloschen war, blieb sie sitzen, weil sie fürchtete, es könne einen Umweg nehmen und über die Wilsumer Berge, eine lächerliche Endmoräne des Teutoburger Waldes, verärgert und mit größerer Gewalt zurückkehren. Aber Angst? Nein. Angst vor Tod und Teufel besaß meine Großmutter nicht. Sie starb in der festen Zuversicht, erwählt worden zu sein. Nur an diesem einen Nachmittag war meine Großmutter der große Kummer der Grafschaft Bentheim.

—— An diese Szene musste ich denken, als ich jüngst den niederländischen Roman *Im Garten des Vaters* von Jan Siebelink las, der davon erzählt, wie in einer noch sehr viel konservativeren calvinistischen Absplitterung der Kampf um die Erwählung zu Ausgrenzungen und Verletzungen auch innerhalb der eigenen Familie führen konnte.

Anhänger extremer Richtungen verboten den Angehörigen, die nicht der fundamentalistischen Ausrichtung folgten, jeden Kontakt mit einem Sterbenden, weil andernfalls der Stand der Gnade im letzten Augenblick verspielt würde. „Auf Zehenspitzen kam Jozef Mieras zu ihr, flüsterte leise, mit traurigem Blick – doch seine großen braunen Hundeaugen sahen immer traurig aus! –, daß es ein sehr schwerer Kampf sei. Er müsse noch mehr getrennt werden. Von allen, was ihn hier binde, all dem Seinen. ‚Er muß in sich selbst kraftlos sein. Ihr Mann und Vater und Ihr Schwiegervater, wenn ich es richtig verstanden habe, ist noch nicht bereit. Der Wechsel zwischen hellen und dunklen Momenten im Stand der Gnade ist noch zu groß. Der Laienprediger betet. Wir lassen ihn nicht fallen. Darauf können Sie sich verlassen.‘ Sie schauten an seiner dunkelglänzenden Gestalt vorbei ins Vorderzimmer. ‚Hört mein Vater die Worte, die Sie sprechen?‘, fragte Ruben. ‚Wir möchten gern dabeisein.‘ ‚Er ist bei vollem Bewußtsein. Das ist auch besser so. Und was Ihre letzte Frage betrifft: Das geht nicht, es darf nicht sein. Er bereitet sich vor.‘ ‚Wir sitzen hier herum‘, sagte Margje flehentlich, ‚wir tun nichts, dürfen nichts tun. Darf ich kurz zu ihm?‘ ‚Ich habe es Ihnen schon gesagt, Mevrouw, dem kann ich nicht zustimmen. Ein Wort von Ihnen im Augenblick des Sterbens kann ihn sein Seelenheil kosten. Wir wissen so wenig. Deshalb dürfen wir kein Risiko eingehen.‘“ (Jan Siebelink: Im Garten des Vaters, 2007, 508)

⎯ Diese Angst habe ich bei meiner Großmutter nicht verspürt, sie war ein Monument der Glaubensgewissheit. Und doch hat es auch in unserer Familie große Spannungen und Verletzungen gegeben. Heute ahne ich, wie meine Mutter, die ursprünglich der reformierten, also der falschen Kirche angehörte, kämpfen musste, um von ihrer Schwiegermutter, die mit der Städterin, die mein Vater nach Hause brachte, nicht glücklich war, akzeptiert zu werden. Meine Mutter, die ihre Schwiegermutter und ihren Mann um Kopfeslänge überragte, machte sich demütig klein und nahm beim Pastor unserer Gemeinde, der bei meiner Großmutter häufig beim Tee anzutreffen war, drei Monate privaten Konfirmationsunterricht: im Alter von einunddreißig Jahren! Und wie alle Konvertiten wurde auch meine Mutter eine Musterschülerin, ging zwei Mal an den Sonntagen zum Gottesdienst, trat dem Gesangsverein bei und dem Frauenverein, wurde in den Kirchenrat gewählt und war in Fragen der Sonntagsheiligung unerbittlicher als mein Vater – nur einmal, an einem unerträglich heißen Sonntag, als sogar der leichte Wind unter der eigenen Anstrengung zu schwitzen schien, erlaubte meine Mutter meinen Schwestern und mir den Besuch des Freibades. Es blieb eine Ausnahme.

——Vielleicht verbündete meine Mutter sich auch deshalb mit der Religion, um uns behütet zu wissen. Meine Mutter, die vor dem Ausbruch des Krieges die Schule wegen einer Schwindsucht verlassen musste, die viele Jahre wegen ihrer pfeifenden Lungen außer zu den Kuren das elterliche Haus nicht verlassen konnte, wurde die Angst nie los, ihre drei Kinder könnten wie sie lebensgefährlich erkranken. Auf den wenigen Jugendbildnissen, die es von meiner Mutter gibt, sieht man ein müdes, verletzliches und mit dem Tod ringendes Gesicht, das lebenslang durch das andere, kräftigere und zugewandte Gesicht der späteren Geschäftsfrau hindurchschien, eine melancholische Skepsis, die keiner Gesundheit traute. Sie war davon überzeugt, dass ein Homöopath ihr, als alle sie bereits aufgegeben hatten, durch die richtige Medizin das Leben rettete, Hombring, ich werde den Namen dieses Mannes, der von ihr stets mit großer Ehrfurcht ausgesprochen wurde, nie vergessen. Und lebenslang pflegte meine Mutter neben einer engen Freundschaft zu vielen Ärzten die Nähe zu den Homöopathen, glaubte mit gleicher Inbrunst wie meine Großmutter an die Erwählung an die schlecht beleumundete Irismethode, also an jene Kunst, in der Iris die inneren Organe und vor allem deren krankhafte Anlagen gespiegelt zu sehen. Mehrmals hat sie mir eine grafische Tafel gezeigt, auf der die Iris in Tortenstücke unterteilt und diese den Organen zugeordnet waren. An den Farbpigmenten und dunklen Strichen glaubten sie und ihre Meister Erkrankungen frühzeitig erkennen zu können. Eine lebenswirksame Prophetie, der sie vertraute. Diese Tafel mit der entschleierten Iris war für meine Mutter die Topographie ihrer Welt und ein Fenster zum Inneren. Die innere Welt als Frankfurter Kranz.

—— Ihr Wundermittel lautete: biochemische Tabletten. In der Küche war ein ganzer Schrank für diese kleinen grauen Döschen reserviert, die die Wundermittel beherbergten. Sie selbst bereitete sich täglich einen Cocktail mit unterschiedlichen Tabletten zu, löste sie in Wasser auf, gab einen Löffel Cognac hinzu, um die Haltbarkeit zu steigern, verließ stündlich das holzgetäfelte Büro meines Vaters, nahm in der Küche einen winzigen Schluck, spülte damit den Mundraum, schluckte dann mit sichtlichem Behagen und ging heiter zurück an ihr großes Buch, in das sie die unendlichen Zahlenkolonnen eintrug. Meine

Mutter, die beinahe nie Alkohol trank, führte sich so jeden Tag in homöopathischen Dosen einen großen Löffel Cognac zu, medizinischen Alkohol, ein protestantischer Messbranntwein, der seinen Dienst erfüllte. (In den frommen Kreisen meiner Mutter war Klosterfrau Melissengeist ein ständiger und gerngesehener Begleiter.)

—— Jeden Morgen legte mir meine Mutter zwei biochemische Tabletten D5 auf die Zunge – ich habe sie bis zur Pubertät brav auf der Zunge zergehen lassen ("Denk daran, nicht schlucken, zerfallen lassen, bitte!") –, zur Unterstützung der geistigen Entwicklung, wie sie sagte, und sie war sich bis zu ihrem Tode absolut sicher, dass es diese Tabletten waren, die es mir ermöglichten, eine Professur zu erlangen. Sie sagte es immer mit einem halben Lächeln, das sich jeden Einspruch verbot. Meine Schwestern übrigens bekamen diese Tabletten nicht von meiner Mutter verschrieben, wahrscheinlich mussten sie sich deshalb mit dem Lehrerberuf begnügen.

—— Freundinnen riefen meine Mutter häufig an, wenn sie in dem holzgetäfelten Büro meines Vaters über den Büchern saß, ihre Füße in einem Heizungssack eingepackt und oft einen dampfenden Tee vor sich, erzählten ihr die eigenen Unpässlichkeiten und wurden von meiner Mutter mit ihrer immer leicht heiseren Stimme mit neuen Buchstabenkombinationen der biochemischen Tabletten versorgt. D6. C10. B12. Meine Mutter betrieb ganz öffentlich eine Zahlenmagie in einem calvinistischen Geschäftshaus. Sie war eine Telefonseelsorgerin mit homöopathischem Sachverstand.

—— Meine Großmutter, die die um einen Kopf größere Städterin immer als eine Zugereiste behandelte, die eher durch Zufall und

Kriegswirren an diesem Ort gestrandet war und nun aus christlicher Nächstenliebe geduldet werden musste, hat meines Wissens nie einen Rat bei meiner Mutter eingeholt (vielleicht hat sie instinktiv auch die Homöopathiegläubigkeit meiner Mutter als gefährliche Ersatzreligion wahrgenommen), und meine Mutter, die die Farben der Städterin und die teuren Stoffe nie ablegte, hat ihre Schwiegermutter nie missioniert. Mein Vater, den meine Mutter als asthmakranken Mann kennengelernt hatte, konvertierte bereits am ersten Tag. Es war eine friedliche, allerdings von Krankheiten dominierte Ehe – kranke Lungen und kranke Bronchien harmonierten erstaunlich gut.

—Die fürsorgliche Belagerung meiner Mutter, die große Verlustangst, die sie dadurch nur mäßig kaschierte, war für uns Kinder oft nur schwer zu ertragen: der sorgenvolle Blick ihrer müden Schönheit, das hörbar schwere Atmen, der Griff ans Herz, das versteckte und damit umso wirksamere Tasten nach dem eigenen Puls – dieses ABC ihrer Angstgesten kann ich noch heute im Schlaf buchstabieren. Dem sanften Griff der Behütung haben wir uns früh durch das Studium entzogen und auch am Telefon verschwiegen, was wir erkundeten. Erst als ich bei der schweren Erkrankung meiner pubertierenden Tochter jahrelang um ihr Leben fürchtete, habe ich erahnt, welche Angst meine Mutter, die mit dem Tod gerungen hatte, heimsuchte, wenn eine Krankheit sich bei ihren Kindern (und später bei ihrer Enkelin) regte. Heute, Jahre nach dem Tod meiner Mutter, ertappe ich mich immer wieder dabei, wie ich versuche, mich an bestimmte Zahlenkombinationen der biochemischen Tabletten zu erinnern, aber ich habe diese Geschichten zu lange verdrängt, um meinem Gedächtnis trauen zu können.

—— Wie ein Ethnologe meiner eigenen religiösen Kultur schaue ich heute auf die Angstfreiheit meiner Großmutter, die mir gleichermaßen fremd und vertraut ist; und wie ein Ethnologe meiner eigenen Geschichte schaue ich heute auf die medizinische Glaubensgewissheit meiner Mutter. Ich habe beide Erfahrungen nicht gemacht. Weder die feste Glaubensgewissheit als Erwählungsbewusstsein noch die Erfahrung, dem Tod durch winzig kleine Tabletten entkommen zu sein. Zur Kunst der Homöopathie halte ich scheue Distanz. Als Kind empfand ich es als unheimlich, wenn mir der Homöopath über die Augen ins Innere schaute: ein schwer zu beschreibendes Gefühl, als ob ein anderer in mich eindringen und mir meine Geheimnisse rauben würde.

—— Meine Angst ist anderer Natur. Ist auch nicht die Angst, die meine Mutter, die mich lieber in Kirchenkreisen als in Sportvereinen aufgehoben wusste, um mich ausstand, wenn ich zum Handballtraining oder zu einem Spiel fuhr, die Angst, als Torwart verletzt zu werden. Ich war ein fanatischer Handballtorwart, ohne jemals Angst vor einem Siebenmeter zu haben. Der Torwart kann in diesem Kampf immer nur gewinnen. Hält er, ist er der Held; findet der Ball den Weg ins Tor, dann hat der Schütze nicht versagt. Und auch die kolportierte Geschichte, jeder Torwart verspüre Angst, vom Ball hart am Kopf getroffen zu werden, ist eine Mär. Es ist ein ungeschriebenes Gesetz, dass der Schütze beim Siebenmeter nicht auf den Kopf zielt. Tut er es doch, wird er für den Rest des Spiels nicht mehr froh. Dafür sorgen die Mitspieler. Es gibt keine Angst des Tormanns vorm Siebenmeter. Nein. Meine Angst hat etwas mit meinen eher kleinen Händen zu tun.

—— Es geschah beim Abendbrot. Wir, meine Schwestern, meine Großmutter, meine Mutter, Johanna, die den Haushalt führte, hatten mit dem Essen warten müssen, bis mein Vater endlich erschien, mit dunkelroten Ohren, die Ärger mit einem Kunden signalisierten. Er nahm Platz, lächelte abwesend in die Runde, sprach das kurze Abendgebet, seltsam monoton, wünschte guten Appetit. Mein Vater aß stets die ältesten Scheiben Brot, oft trockene Scheiben, deren Ränder sich schon nach oben bogen, den fahlen Schinken und den schwitzenden Käse. Es war ein ungeschriebenes Gesetz. Auch an jenem Abend. Alles verlief wie immer. Das Abendbrot war das Familienparlament, es wurde laut und leidenschaftlich diskutiert, mein Vater schaute an diesem Abend abwesend zu. Wie üblich las ich die Andacht des Neukirchener Kalenders. Und wie häufig las ich sie im Stile des Nachrichtensprechers Karl-Heinz Köpcke: *Guten Abend, meine Damen und Herren! Neueste Nachrichten aus Palästina.* Sogar meine Großmutter ließ mir diese Komödie immer durchgehen. Als ich an jenem Abend die Lesung mit dem Satz: *Es folgt der Wetterbericht für Donnerstag, den 15. Februar!* geendet hatte, sagte meine Großmutter unvermittelt: „Du bist so zart und hast noch immer so kleine Hände, damit kann man kein Unternehmen führen. Du musst studieren und Pastor werden." Am Tisch war es plötzlich sehr leise. Alle schauten mit großen Augen zu meinem Vater. Der streckte sich, suchte kurz den Blickkontakt mit meiner Mutter, nickte dann. „Ich möchte nicht, dass du das Unternehmen irgendwann weiterführst. Es frisst einen auf. Du sollst, wie später Wilma und Karla auch, studieren." Dann schwieg er. Sagte nicht Pastor. Ließ alles offen. Schaute noch einmal zu meiner Mutter. Nickte mehrfach. Seine Zunge beulte die linke Wange mächtig aus. Das Bild ist mir in Erinnerung geblieben.

——Nur an einer Konsequenz ist mir erst nach einigen Wochen die Tragweite der Entscheidung deutlich geworden. Meine Großmutter, klein und stark, die mich beinahe täglich sehr liebevoll als Juniorchef begrüßte, hat diesen Titel von Stund an gestrichen, mich mit meinem Vornamen angeredet und sah in mir den künftigen Pastor einer calvinistischen Gemeinde, den sie im Paradies wiedertreffen würde.

——Es war dieser Verzicht, den mein Vater auf Vorschlag meiner Großmutter (aber fraglos auch auf den geheimen Wunsch meiner Mutter hin) machte, der mich in die Freiheit entließ. Bis dahin war ich wie selbstverständlich davon ausgegangen, meinem Vater, der seinem Vater nachgefolgt war, ebenfalls nachzufolgen. Die Geschäfte florierten, über Geld ist in unserer Familie niemals geredet worden, Sorgen über die Zukunft musste ich mir nicht machen. Und dass mein Vater immer im Büro saß, wir ihn dort fanden und ihn auch immer alles fragen durften (auch knifflige Matheaufgaben, die er lächelnd löste, den Weg zur Lösung aber nie erklärte), empfand ich als Kind und Jugendlicher als Geschenk. Seit wir Kinder uns erinnern konnten, war mein Vater asthmakrank, nachts zogen wir uns die Decken über die Ohren, um sein qualvolles Ringen nach Luft nicht hören zu müssen; auch meine Mutter war machtlos, die Krankheit zwang ihn zweijährlich zu Kuren in Bad Reichenhall, wo er, weil meine Mutter dann das Geschäft leitete, vor Heimweh noch kränker wurde und am Telefon einmal sogar weinte. Dass er selbst glaubte, seine Arbeit mache ihn krank, habe ich erst an jenem Abend begriffen, als er nicht wollte, dass ich das gleiche Schicksal erleide. Und offensichtlich hatte auch meine Großmutter den gleichen Gedanken gehabt, meine Großmutter, die meine Mutter, wie die mir erzählte, nur einmal gelobt hatte, nachdem sie als drittes Kind endlich den ersehnten Nachfolger auf die Welt brachte.

—— Mein Vater starb an den Folgen seiner Asthmaerkrankung, ich war damals in der elften Klasse des Gymnasiums, zu jung, um ihn im Geschäft zu ersetzen. Testamentarisch hatte er verfügt, man solle die Firma verkaufen und auflösen. Damit war es endgültig. Mein Vater, der nie wieder mit mir über diese Szene am Abendbrottisch gesprochen hatte, gab mir die Freiheit, die ich zunächst gar nicht als Freiheit begriff, schriftlich. Es war ein längerer Prozess, bis mir klar wurde, dass mit dem Verzicht meines Vaters auch eine Erwartung verbunden war, die ich nicht enttäuschen wollte.

—— Diese Angst scheint mir exemplarisch zu sein und zum Menschen zu gehören. Jeder Mensch hat die Pflicht, sich zu seinem Leben zu verhalten. Zwar ist der Anfang unseres Lebens verschattet, aber wir haben, sobald wir bewusst auf der Welt leben, die Freiheit, die gleichermaßen eine Notwendigkeit ist, unser Leben zu gestalten und zwischen Möglichkeiten zu wählen. Und in dieser Wahlpflicht lauert die Angst, an entscheidenden Stellen die falschen Möglichkeiten zu wählen. Soll man heiraten, und wenn ja, soll man Kinder zeugen? Oder lieber alleine leben? Für welche Alternative auch immer man sich entscheidet, die ausgeschlagene Möglichkeit bleibt lebenslang der stille Begleiter – vielleicht wäre die Möglichkeit b oder c doch die bessere Wahl gewesen. Diese existenzielle Angst gehört zum Menschen. Problematisch wird diese Angst erst, wenn man sie zu überspielen versucht.

—— Mir hat nach vielen Umwegen die Religion geholfen, mit dieser existenziellen Angst umzugehen. Deshalb bin ich – vielleicht hatte ich auch gar keine Chance, mich dem Wunsch meiner Großmutter zu entziehen – Theologe geworden. Ich bin gerne Theologe. Heute. Es gab Zeiten, da habe ich meinen Beruf verschwiegen, in Kontexten, wo die Achtundsechziger das Sagen hatten und gnadenlos jeden Theologen als intellektuellen Spießer deklarierten. Erst als Freunde wie Johano Strasser und Gert Heidenreich ihre religiöse und metaphysische Anfälligkeit offenbarten, bin ich offensiver als Theologe aufgetreten.

—— Ich bin deshalb gerne Theologe, weil ich die Religion als ein taugliches Mittel erfahren habe, mit der Angst umzugehen. Manchmal auch als ein Mittel mit Nebenwirkungen. Aber auch dagegen gibt es Gegengifte. Vielleicht ist die Religion sogar das einzig wirkliche Mittel gegen den falschen Umgang mit der existenziellen Angst. Ich will es pointierter formulieren: Wenn Religion die Angst nicht produktiv wenden kann, benötigen wir die Religion vielleicht gar nicht. Dann sind wir bei den Philosophen oder Psychologen entschieden besser aufgehoben. Dann leben wir besser *oben ohne*, ohne den metaphysischen Baldachin, metaphysisch zwar obdachlos, aber zufrieden.

34

—— Die Pointierung zeigt aber auch die ganze Misere der Theologie. Mit dieser Pointierung habe ich die Vorurteile derjenigen, die die Theologen für intellektuelle Spießer halten, umgekehrt: Wäre die Religion die wichtigste Agentur, um Angst positiv zu kanalisieren, dann läge eine Überlegenheitsunterstellung vor. Aus intellektuellen Spießern würden dann avantgardistische Entängstigungsagenten. Diese Überlegenheitsunterstellung erweckt bei den Religionskritikern höchstwahrscheinlich alte Ängste, die Religion und ihre beamteten Vertreter, die Theologen, würden sich wieder ganz ungeniert so gebärden, als ob die Religion die Wahrheit gepachtet hätte.

—— Gott sei Dank steht bereits in der Einleitung, dass auch dieses Vorurteil nicht mehr funktioniert. *Die* eine Wahrheit gibt es nicht. Ich will deshalb genau Rechenschaft über die Erfahrungen ablegen, die für mich die Religion zu einem Angebot machten, das ich nicht ablehnen konnte. Ich habe erfahren, dass die biblische Literatur, vor allem die Gleichnisse Jesu, mit viel Ironie und Humor eine neue Sicht auf die Welt und das eigene Leben erschließt, Solidarität einübt und hilft, mit Angst umzugehen. Und als Theologe habe ich verstehen wollen, wie die biblische Literatur das alles leistet.

—— Aber der Reihe nach.

SEIT EIN GESPRÄCH
WIR SIND

BEIM FRÜHSTÜCK

Irgendwann muss man sich entscheiden, ob man die mutterwarme Höhle der Bettdecke verlassen und aufstehen will oder ob man es vorzieht, gefiedert den Tag zu verbringen. Bereits als Kind habe ich das gemeinsame Frühstück an den Sonntagen – an den Samstagen war das Büro geöffnet und mein Vater schaute immer nur auf eine schnelle Tasse Tee vorbei – geliebt. An den Wochentagen verpasste ich meine älteren Schwestern, die viele Jahre einen früheren Schulbus nehmen mussten, aber an den Sonntagen setzte ich mich neben meine älteste Schwester, die so herrlich nach immer neuen Seifen und Cremes roch, und streckte meinen Kopf in ihre Duftwolke. Sonntage rochen gut.

——An den Sonntagen, häufig auch an den Samstagen, erschien meine Mutter als Perlenkettenfrau, ich habe sie immer nur kirchenfein erlebt, im kleinen Kostüm mit Rollkragen, ihre Lieblingsfarbe war Flieder, dazu Pumps mit niedrigem Absatz. Meine Mutter trug auch an den Alltagen niemals Hausschuhe. Und sonntags eine Perlenkette. Dazu der leichte Geruch nach Haarspray, der Geruch der Städterin, den meine Großmutter verachtete.

——In der Stunde vor dem Kirchgang, wenn der Streit um die Toastscheiben abebbte, durfte jeder erzählen, was er in der vergangenen Woche gelesen hatte. Ich habe genau hingehört, was meine Schwestern erinnerten, gelbes Reclamwissen, das sie mir, wenn ich sie anbettelte, abtraten, sobald die Arbeiten geschrieben waren. Oft habe ich in Briefmarkenwährung bezahlt. Es gab eine nie diskutierte Abmachung: Über Politik stritten meine Schwestern mit meinem Vater nicht vor dem Gottesdienst, sondern erst beim Abendbrot. Dann aber auch lautstark. Ich habe mir früh angewöhnt, Zeitung zu lesen, um meinen Vater zu unterstützen. Aber meine Schwestern haben mich in diesen Fragen nie ernst genommen, meistens nur „drollig" oder „goldig" geantwortet und sich wieder an meinen Vater gewandt.

——Nach dem Gottesdienst las mein Vater das Handelsblatt vom Vortag, neigte während der Lektüre seinen Kopf leicht zum Musikschrank, aus dem immer Händel erklang. Nicht selten war beim Mittagessen die Predigt Gegenstand eines kurzen Gesprächs. Ich hatte dann meinen Auftritt, durfte die Predigt knapp zusammenfassen, meine Großmutter strahlte, meine älteste Schwester verdrehte genervt die Augen. Meistens wurde darüber geredet, wen der Pastor mit seiner Predigt eigentlich gemeint habe, wen er dieses Mal, wie meine Schwester gerne sagte, „auf dem Kieker" hatte. Und woher er das überhaupt alles wisse. Das gehe nicht mit rechten Dingen zu. Er müsse Zuträger haben. Und das sei doch alles ganz ekelig. Mehrfach war sie felsenfest davon überzeugt, der Pastor habe sie selbst auf dem Kieker gehabt. Und man hatte den Eindruck, sie fühlte sich eindeutig ertappt. Mein Vater warf dann meiner Mutter, die oft schweigsam zuhörte, ihre Missbilligung allenfalls dadurch zeigte, dass ihre Lippen ganz schmal wurden, einen schnellen Blick zu und lächelte. In diesem kleinen Lächeln verbarg sich seine leise Kunst der Erziehung.

——Vor allem wenn ich mit einem Buch schwanger gehe, bin ich süchtig danach, nicht alleine zu frühstücken. Es gibt berufsspezifische

Ängste. Jeder Autor kennt die Angst vor der weißen Seite. Der berühmte *writer's block*, die Schreibblockade, gehört zur Grundausstattung eines Autors. Nur auf den ersten Blick ist diese Angst in Zeiten der Finanzkrise ein Luxusproblem. Diese Angst ist genauso real wie die Angst vor dem Verlust eines Arbeitsplatzes in der Autoindustrie, weil eine anhaltende Schreibblockade desaströse Auswirkungen haben kann. Auch die Publizistik gehorcht Marktgesetzen.

—— Es gibt ganz unterschiedliche Hausmittel, um mit der Berufsangst umzugehen. Einige Autoren legen einen Stapel Seiten aus einem alten Manuskript in den neuen Ordner oder starten am Laptop mit einer benutzten Datei. Und nahezu alle, die ich kenne, enden niemals ganz unten auf der Seite, sondern nach etwa einem Drittel der nächsten Seite setzen sie einen Schlusspunkt für den Tag. Man fängt am nächsten Tag nicht mit einer neuen Seite an. Viele, die noch per Hand ihre Texte verfassen, schreiben in ihrem alten Schreibbuch einfach weiter.

—— Autoren zu Weihnachten wunderbar leere Schreibbücher zu schenken, besonders beliebt ist das kleine schwarze Moleskine, ist eine sehr zwiespältige Idee, die oft ein gequältes Lächeln hervorruft. Sehr viel einfühlsamer sind teure Schreibgeräte, Füller mit wulstigen Körpern, schneebedeckten Kappen und goldenen Federn, oder sündhaft teure Bleistifte von Faber-Castell, die den Eindruck erwecken, sie schrieben ganz von selbst. Ein leeres Tintenfass oder eine abgebrochene Bleistiftspitze bei fehlendem Spitzer kann Tragödien auslösen. Der Tag einer Schreibexistenz ist schnell ruiniert.

—— Musen zu betören bleibt ein anstrengendes Geschäft. Ein Freund geht joggen, ein anderer schwört auf den Spaziergang mit dem Hund, ein dritter sucht die Enge in einem Kaufhaus, die ihm eine höchst unangenehme Beklemmung bereitet und an den Schreibtisch zurücktreibt. Dazu kommen kleine Stimulanzien. Kaffee, nur der kolumbianische mit der kräftigen Würze, Wein, leider eine nicht ganz billige Sorte, Mentholzigaretten, Hanfgewächse. Autor ist ein extrem suchtgefährdeter Beruf.

—— Mein theologischer Lehrer an der Universität, Hermann Timm, hat mir sein ganz persönliches Rezept verraten: den letzten Gedanken vor dem Einschlafen dem Problem widmen, dann auf die Inspiration vertrauen. Es funktioniert tatsächlich. Die Einfälle kommen nächtens. Den Seinen gibt's der Herr im Schlaf. Jahrelang bin ich mit einem Notizblock bewaffnet schlafen gegangen, schreckte mitten in der Nacht mit einem Heureka auf und notierte mir die Einfälle. Die Freude über den Erkenntnisgewinn wird nicht von jeder Frau uneingeschränkt geteilt, und ich hatte mich zeitweise so diszipliniert, dass ich den Einfall auch noch nach dem Frühstück notieren konnte, oft gefiltert durch ein Gespräch.

—— Ich schwöre inzwischen auf das gemeinsame Frühstück und die gemeinsame Zeitungslektüre. Dazu gehört eine kleine Inszenierung und ein eingeübtes Ritual, um die niederen Sinne, Geruch und Geschmack, zu wecken. Ich decke den langen Holztisch halb mit einer Tischdecke, am liebsten weiß, stelle neben die Gedecke eine Vase mit Blumen, frisches Baguette aus dem nahen Frankreich, ein Glas Prosecco (wegen des Kreislaufs), Eier aus dem Wasserbad, Schinken, Käse (natürlich auch französischen Käse, aber ich liebe meinen holländischen Gouda, „Kinderkäse", wie Barbara liebevoll sagt), und sonntags zwei Zeitungen, die Frankfurter Allgemeine Sonntagszeitung und die Bild am Sonntag (BamS). Die BamS? Ja. Auch die Zeiten der etwas spießigen Ideologiekritik sind vorbei. Und die Sportberichterstattung mit der gleichermaßen strengen und gerechten Benotung der Fußballspieler in der BamS ist unvergleichlich. Das ist eine Frage der Qualität. An den Samstagen kommen die FAZ, die Süddeutsche und die Saarbrücker Zeitung auf den Tisch. Dazu gibt es drei Kannen Tee, um den Feuchtigkeitshaushalt anzukurbeln. (An den Wochenenden gehe ich auch gerne in ein Café zum Frühstücken, weil man dann die Frau leichter zu Pumps überreden kann.)

— Ich stecke meinen Kopf in Barbaras Duftwolke, es folgt die Eröffnungsformel „Guten Appetit", die von beiden gesprochen wird, dann esse ich meinen Kinderkäse, fühle mich so zufrieden wie in meines Vaters Domizil. Pläne für den Tag schweben durch den Raum, werden flüchtig gestreift, dann fallengelassen. Dann gebe ich ihr die FAZ mit der schon ritualisierten Bemerkung, dahinter stecke bekanntlich immer ein kluger Kopf. „Genau. Danke."

— Nach wenigen Minuten der Lektüre steigt die Mitteilungslust. Lesefrüchte werden präsentiert und kurz kommentiert. Die Humboldt'sche Idee der Bildung, der an den Universitäten der Bologna-Prozess gemacht wurde, hat in den großen Zeitungen Asyl gefunden. Vor allem in der FAZ am Mittwoch, die den Geisteswissenschaften zwei Seiten Platz einräumt, daneben Wissenschaft, Medien und Comic präsentiert, bekomme ich mehr Anregungen als während einer Woche in der Universität, die im Bachelor- und Master-Chaos versinkt.

—— Und dann der glückliche Einwurf, als die Augen bereits spaltenmüde anfangen querzulesen: „Hier steht die Geschichte von einer Frau, die aus Angst vor Einsamkeit sich eine Dauerkarte für den ICE gekauft hat und dann sechs Wochen nonstop durch die Republik gereist ist. Irgendwann hat sie sich geweigert, ihren Lieblings-ICE zu verlassen." Pause. „Was ist eigentlich mit deinem Essay über die Angst und die Entängstigung? Kommst du gut voran?"

—— Unser Gespräch könnte so gelaufen sein.

—— Zögerlich: „Ich sortiere noch."

—— „Wer ist eigentlich dein Held?" Die linke Augenbraue wird nach oben gezogen. „Außer Jesus natürlich."

—— Ich deute einen Kuss an. „Genau. Der kommt später auch noch dran. Ich will das Thema möglichst lebensnah entwickeln und habe an Kierkegaard gedacht."

—— Barbara nimmt die Brille ab. Bläst die Wangen auf. „Kierkegaard. Lebensnah. Aha. Das hört sich eher ziemlich verkopft an. Wie wäre es mit Riemann? Das Buch *Grundformen der Angst* erinnert jeder halbwegs interessierte Leser. Den darfst du nicht auslassen. Vielleicht erkennst du dich in Riemanns Buch sogar entschieden besser wieder als in Kierkegaards Schriften."

—— Pause. Ich wiege leicht den Kopf.

—— „Sei nicht so arrogant den Psychotherapeuten gegenüber. Ich jedenfalls will wissen, wie sich Theologie und Psychotherapie ergänzen. Oder gegenseitig überbieten. Das wollte ich immer schon mal lesen!"

—— Ich versuche, durch einen großen Schluck Tee Zeit zu gewinnen.

42

„Okay. Ich muss nochmals in den Riemann hineinschauen."

—— Barbara beugt sich vor: „Hast du Riemann überhaupt gelesen?"

—— „Flüchtig."

—— „Also nein."

—— Mein Gesicht lacht. Ich fühle mich ertappt.

—— „Und etwas über die Hölle musst du schreiben!"

—— Die Reaktion kommt prompt. „Hölle? Ich bin doch Protestant."

—— „Egal. Jeder denkt bei Angst an die Hölle. Hunderte von Gemälden über die Hölle hängen in den Museen. Dämonen mit Fratzen, Teufel mit Hörnern. Das ganze Programm. Recherchier mal im Internet. Ich komme übrigens gerne mit ins Museum. Kierkegaard ist doch eher etwas für den Nachmittag. Oder für morgen. Oder für übermorgen. Auf keinen Fall will ich vor Seite 70 etwas über Kierkegaard lesen. Okay?"

—— Der herrliche Geschmack von Gouda auf der Zunge. „Okay. Und über Riemann müssen wir reden."

—— „Klar. Und du erklärst mir den Kierkegaard. Den habe ich im Studium irgendwie verpasst. Mein Geist kam nie bis Dänemark."

—— Barbara hat recht. In meinem Exposé für den Essayband stand nichts über die Hölle. Eigentlich seltsam. Ich werde auch die Einleitung umschreiben müssen. Ich hätte beinahe die Hölle vergessen! Und um Riemann hätte ich mich sehr gerne herumgemogelt. In wenigen Minuten hat das geplante Buch eine neue Struktur bekommen. Aber meine latente Angst vor den weißen Seiten ist deutlich gedämpft, zumal ein Kapitel über die Hölle nach Bildern verlangt. Und Bilder fressen herrlich schnell viele weiße Seiten.

—— Warum redet man eigentlich so entspannt beim Essen über Bücher und Themen? Wie kommt man zu der Vorstellung, man könne sich in Büchern wiedererkennen? Ist das Reden und Streiten über Bücher vielleicht sogar eine Grundgeste des Christentums? Vielleicht schafft das gemeinsame Essen ideale Voraussetzungen dafür, einen Gemeinsinn auszubilden. Nicht zufällig wurde auch Jesus als „Fresser und Weinsäufer" (Matthäus 11,19) tituliert. Das Christentum war, bevor es eine Kirche wurde, eine Tischgemeinschaft, die lebhaft erzählte und diskutierte.

—— Mir hat immer geholfen, das Eigentümliche des Christentums in der Abgrenzung von der philosophischen Umwelt herauszustreichen. Auf den ersten Blick trifft sich die Gründergestalt des Christentums mit dem platonischen Sokrates, der sich nicht nur auf dem Marktplatz seine Gesprächspartner aussuchte, sondern auch bei Weingelagen, wenn etwa über den Eros diskutiert wurde, eine gute Figur machte. Die Schlussszene des *Symposions* erinnert so hinterrücks an das calvinistische Arbeitsethos: Sokrates bringt seine Gesprächspartner, die vor ihm schläfrig geworden sind, ins Bett, badet, hält sich dann den ganzen Tag im Lykeion, dem Gymnasium, in dem später Aristoteles seinen Unterricht halten wird, auf und begibt sich „erst abends nach Hause zur Ruhe". (Symposion 223 d) Wer trinkt und feiert, kann auch arbeiten!

—— Und doch wird die Diskussionsfreude des platonischen Sokrates von einem anderen Eros beflügelt als im Christentum. Der platonische Sokrates traut dem schriftlichen Wort nicht. Hat vielleicht sogar Angst vor dem Geschriebenen. Absichtsvoll wählt Sokrates die literarische Form des Dialogs, um seine Leser im Gespräch zu Einsichten zu bewegen. Im Phaidros-Dialog heißt es ganz unmissverständlich: „Ist die Rede aber einmal geschrieben, so treibt sich eine Rede überall umher, bei denen, die sie verstehen, ganz ebenso wie bei denen, für die sie sich nicht ziemt, und sie weiß nicht, zu wem sie reden soll und zu wem nicht. Wird die aber beleidigt und ungerecht geschmäht, so bedarf sie stets der Hilfe ihres Vaters. Denn allein vermag sie sich nicht zu ehren noch sich zu helfen." (Phaidros 275 d f.) Schriften, so die Pointe, sind vaterlose Gesellen, man muss sie notfalls adoptieren, um ihnen beizuspringen. Allenfalls als Gedächtnisstütze sind sie legitim, sofern sie nicht, wie in der literarischen Form des Dialogs, das spontane Innewerden der Erkenntnis abbilden.

—— Erkenntnis wird im platonischen Denken als Wieder-Erinnerung (Anamnesis) verstanden, weil die körperlose Seele, so erzählt es der Mythos, vor ihrer Einkörperung die Ideen, also das, was unser Verstehen garantiert, gesehen hat und nun durch eine Fragetechnik an die damalige Schau der Ideen erinnert werden soll. Berühmt ist die Szene im Theaitetos, in der der platonische Sokrates seine Hebammenkunst (Maieutik) erläutert: „Wer mit mir verkehrt, macht die gleiche Erfahrung wie die gebärenden Frauen: Sie leiden an Wehen und werden bei Tag und Nacht von Zweifeln geplagt, mehr noch als jene. Diese Schmerzen kann meine Kunst wecken und stillen. (...) Zu entbinden zwingt mich der Gott, aber selbst gebären zu können, hat er mir versagt." (Theaitetos 150 c; 151 a f.)

—— Jesus dagegen ist ein Geschichtenerzähler, der mit dem Buch (genauer: mit Schriftrollen) groß geworden ist und der an die Kraft der Texte glaubt. Und seine Jünger greifen, von seinen Geschichten inspiriert, zur Feder. Die Differenz zwischen Jerusalem und Athen lässt sich sehr genau als extrem kühner Metaphernsprung beschreiben: Die christlichen Schriftsteller glauben, Einsichten *zeugen* zu können, belassen es also, wie ich zeigen möchte, nicht bei der sokratischen Hebammenkunst.

—— Zunächst: Jesus lehrt auch die Wiedererinnerung, aber sie ist eine schriftgeleitete Wiedererinnerung. Wie diese Wiedererinnerung funktioniert, zeigt ein Blick auf eine der schönsten Geschichten des Neuen Testaments. Ein Schriftgelehrter fragt Jesus, wie man das ewige Leben erreichen könne. Jesus kontert mit einer Gegenfrage: „Was steht im Gesetz? Wie liest du?" Der Schriftgelehrte antwortet wissend: „Du sollst den Herrn, deinen Gott, lieben von ganzem Herzen und mit deiner ganzen Seele und mit deiner ganzen Kraft und deinen Nächsten wie dich selbst." Auf Jesu lapidare Antwort „Tu dies und du wirst leben" hin verlangt der Gesprächspartner genauer zu wissen, wer der Nächste sei. Das Gleichnis vom barmherzigen Samariter (Lukas 10,25f., vollständiger Text siehe S. 155) gibt dann die Antwort.

—— Eine entscheidende Pointe verbirgt sich aber bereits in der Frage: „Wie liest du?" Im biblischen Griechisch bedeutet lesen immer auch wiedererkennen! Lesen = wieder erkennen. Man soll, so die Pointe, durch die frühen Texte des Alten oder Ersten Testaments die Welt wahrnehmen, wo davon erzählt wird, alle Menschen seien Geschöpfe Gottes und damit blutsverwandt. Auf diese Wahrnehmung zielt das Gleichnis. Im biblischen Griechisch verbirgt sich eine weitere sprachspielerische Pointe. Das griechische Verb für „erbarmen" wird von einem Substantiv abgeleitet, das im übertragenen Sinne auch Mutterschoß und Blutsverwandter heißt. Der Priester und der Levit, beide Vertreter der Kultelite, gehen an dem Überfallenen vorbei, weil sie selbstredend Angst haben und mit der Brille ihrer Reinheitsgesetze den Überfallenen als blutig und verdreckt und damit als unrein wahrnehmen. Der Samariter – mit den Juden eigentlich verfeindet – nimmt den Überfallenen dagegen nicht in der Perspektive der Reinheitsgesetze wahr, sondern als überfallenen Mitmenschen, dem man spontan, die Angst verdrängend, helfen muss. An die frühen Texte der Schöpfungserzählung soll man sich wiedererinnern, entsprechend die Welt wahrnehmen und den Menschen als Mitmenschen wiedererkennen. Die Erkenntnis ist also schriftgeleitet. Jesus lenkt die Menschen auf die alten Texte der Schöpfungserzählung zurück. Die Reinheitsgesetze haben damit ihre Funktion eingebüßt.

—— Eine für seine Zuhörer in jeder Hinsicht schockierende Erzählung – zumal Jesus mit dieser Erzählung zusätzlich an eine in den Chroniken gespeicherte Geschichte erinnert (2. Chronik 28,5–15). Als nämlich die Juden um 550 v. Chr. von einem Herr Samariens vernichtend geschlagen wurden und hunderttausend Juden nach Samarien deportiert werden sollten, erhob sich ein Prophet und forderte die „Prinzen von Samarien" auf, die Gefangenen zurückzuschicken, ein Rat, der befolgt wurde: „Sie bekleideten alle, die nackt waren, aus der Beute und versahen sie mit Gewändern und Schuhen. Sie gaben ihnen zu essen und zu trinken, salbten die Schwachen unter ihnen und setzten sie auf einen Esel. So brachten sie die Gefangenen in die

Palmenstadt Jericho in die Nähe ihrer Stammesbrüder. Sie selbst kehrten nach Samarien zurück."

——Lesen heißt auch: sich erinnern. Heißt auch: sich an das Verdrängte erinnern! In einer anderen Leseszene im Neuen Testament wird dieser neue, weil verstehende Textumgang ebenfalls deutlich. In der Geschichte vom Kämmerer aus dem Morgenland (Apostelgeschichte 8, 26–39), der in seiner Kutsche sitzt und einen Text wiederholt, tritt der Apostel Philippus zu ihm und fragt ihn: „Verstehst du auch, was du liest?" (30) Die Pointe ist die gleiche: Verstehst du auch, was du lesend wiedererkennen sollst? Prompt fragt der Kämmerer, wer es denn sei, von dem in seinem Jesajatext, den er gerade liest, die Rede ist. Es geht nicht länger um das genaue Repetieren eines heiligen Textes, sondern um das Verstehen. Was meint der Text? Was ist seine Intention? Philippus erzählt dem Kämmerer also, worauf die Prophetie des Textes zielt, auf die Erfüllung der Prophetie in Jesus nämlich, und er tut es so überzeugend und sprachmächtig, dass der Kämmerer sich taufen lässt und anschließend heiter und fröhlich nach Äthiopien weiterreist.

——Kann man also jemanden wiedererkennen, den man gar nicht kennt? Skepsis ist angebracht. Selbst die Jünger haben auf dem Weg nach Emmaus (Lukas 24,13–35) den auferstandenen Jesus zunächst nicht wiedererkannt. Jesus war nur wenige Tage nicht präsent. Odysseus, der nach vielen Jahren nach Ithaka zurückkehrte, wurde nach etlichen Umwegen anhand einer Narbe identifiziert (nicht ohne Witz nennen die Amerikaner einen *home run* gerne einfach *homer*), in der biblischen Erzählung ist es schließlich die Geste des Brotbrechens, die den Jüngern die Augen öffnet.

Wie viel schwieriger aber ist es, wenn Menschen Jesus, den sie nicht gekannt haben, wiedererkennen sollen. Es gelingt, so die Pointe, wenn Texte bildkräftig genug sind, wenn man die Gestalt, um die es geht, so plastisch vor Augen malt, dass die Gestalt als Erfüllung alttestamentlicher Prophetie erscheint. Paulus, das Großmaul unter den Aposteln, hat diese Kunst des Vor-Augen-Malens selbstbewusst beherrscht. „Meine lieben Kinder, welche ich abermals mit Ängsten gebäre, bis dass Christus in euch eine Gestalt gewinne, ich wollte, dass ich jetzt bei euch wäre." (Galater 4,19) Und in 1 Korinther 4,15 heißt es: „Denn ich habe euch gezeugt in Christus Jesus durchs Evangelium." Das ist eine atemberaubende Übertrumpfungsrhetorik. Briefe des Paulus können leisten, was dem platonischen Sokrates verwehrt war: zeugen und gebären in einer Schriftstellerexistenz.

Und um die Übertrumpfung komplett zu machen, hat Luther sogar gesagt, die göttliche Gebärmutter sei das göttliche Wort (Uterus Dei est verbum divinum, vgl. Beutel 1998, 36 f.). Biblische Texte sind mütterliche Höhlen, in die man hineinkriechen muss. Der platonische Sokrates wollte in seinem Höhlengleichnis (Politeia 514 a–517 a) noch die Menschen aus der Höhle der Welt zur Anschauung der Ideen befreien, im Christentum soll der Leser sich in Texte einhöhlen. Nicht zufällig gibt es in der Kunstgeschichte sehr viele Gemälde, die zeigen, wie Männer oder Frauen mit Texten aus der Bibel im Gespräch ringen – berühmt ist ein Gemälde von dem Niederländer Rembrandt.

Das Christentum ist, vor allem in den Gleichnissen, große, verändernde Literatur. Und auch die Urschriftsteller, vulgo: die Evangelisten und Apostel, glauben mit großem Selbstbewusstsein an die

Rembrandt, **Zwei Gelehrte im Gespräch** (Petrus und Paulus?), 1628

Kraft der Literatur. Macht man sich den Stellenwert der Texte im Christentum deutlich, wird die Angst vor dem weißen Blatt nicht kleiner. Es hilft, sich einen idealen Leser oder eine ideale Leserin vor Augen zu stellen, für den oder die man schreibt. Auch das Schreiben ist ein stummes Gespräch.

—— Heimlich hatte ich mir übrigens bestellt: Riemann, Fritz: *Grundformen der Angst. Eine tiefenpsychologische Studie*, 39. Auflage!

HIMMEL, HÖLLE, FEGEFEUER

IM MUSEUM

Wenn ich als Kind während der Predigt in der überfüllten Kirche, meinen Kopf an die Schulter meiner Mutter gelehnt, die Augen schloss, konnte ich die Jahreszeiten riechen. Im Winter, wenn die Kühe nicht auf der Weide grasten, sondern im Stall standen und dort gefüttert wurden, dünsteten die Bauern, in ihren schweren Mänteln vergraben, einen beißenden Silagegeruch aus – es gärte vor mir und hinter mir, links und rechts. Natürlich gab es auch in der Provinz Duschen, aber der Mief des verfaulten Sauerblatts, der zu Ballen gepresst einen braunen, an Hustensaft erinnernden Sirup absonderte, setzte sich hartnäckig in der Kleidung fest. In diesen Monaten verzögerte meine Mutter, die Städterin, das Betreten der Kirche, bis der Küster die Glocken läutete, setzte sich mit uns Kindern, mein Vater spielte oft die Orgel, in die zweite Reihe, immer am äußersten Rand, damit kein anderer Besucher neben ihr Platz fand.

——Am meisten litt sie während der ersten Wochen im Frühjahr, dann, wenn die Bauern ihre Jauchegruben leerten und Jauche auf ihre Äcker auftrugen. An den Wochentagen schloss meine Mutter, sobald sie den ersten Traktor mit den grauen Jauchewagen (im Volksmund Silberpfeil genannt) entdeckt hatte, energisch alle Fenster und verbot Johanna zu lüften. „Draußen wird wieder gejauchzt", rettete sich meine Mutter in den Humor und fürchtete sich vor den Sonntagen. In diesen Wochen kreiste der Kirchenpfefferminz besonders häufig.

—— An den Jauchesonntagen täuschte meine Mutter eine Erkältung vor, hielt sich ein parfümgetränktes Spitzentaschentuch an die Nase, schnäuzte sich mehrfach und ließ sich, mit gekonnt leidender Miene, von ihren Freundinnen nach dem Gottesdienst bedauern.

—— Aber dann der sommerliche Geruch nach frischem Heu, der an den Bauern klebte und die Sehnsucht nach Ferienreisen und Abenteuer weckte! An diesen Sonntagen dauerten die Predigten quälend lange, und meine Mutter drückte mir tröstend mehrfach die Hand, wenn ich besonders tief Luft holte und auf der Kirchenbank hin- und herrutschte.

—— Besonders geliebt habe ich den erdschweren lehmigen Geruch im Herbst, dann, wenn die Stoppelfelder umgepflügt wurden und ich häufig auf dem Notsitz eines Traktors saß und sonntags in der Erinnerung diese Reisen über Land wiederholte.

—— Vier Jahreszeiten mit vier markanten Duftnoten! Ein Wohlgeruch der Erkenntnis, der intensiver wirkte als die Weihrauchangebote in der katholischen Nachbargemeinde. In einer calvinistischen Dorfkirche fehlte es nicht an Gerüchen. Olfaktorisch gab es keine Nachteile. Dafür wurde im Bilderhaushalt sehr strenge Diät gelebt.

—— Die calvinistischen Kirchen meiner Kinderzeit verströmten eine bilderlose Tristesse. Nicht einmal ein nacktes Kreuz gab dem Auge kurzzeitigen Anlass zu verweilen. Und ein lutherisches Kruzifix, das den Schmerzensmann trägt, blieb außerhalb jeder Vorstellung. Nur die Vorderfront der Kanzel zierten zwei Buchstaben: das Alpha und das Omega. Alle Aufmerksamkeit war auf den predigenden Pastor ausgerichtet. Das Auge hatte nicht die geringste Chance zu desertieren.

—— Sprachmächtig musste der Pastor die Frohe Botschaft vor Augen malen, um den Zuhörern keine Chance zu geben, sich abzulenken. Keine kleine Aufgabe. Nicht jeder besitzt das Talent und das Selbstbewusstsein des Apostels Paulus aus Tarsus.

—— Ich kenne einen Pastor, der sich jeden Sonntag vor dem Gottesdienst erbricht, weil er mit der Angst nicht fertig wird, er würde versagen. Niemand hat ihm bisher helfen können, und doch klettert er jeden Sonntag mit frisch entleertem Magen auf die Kanzel. Es gibt auch auf diesem Feld einsame Helden.

—— Die Stärke des Protestantismus, die Ästhetik des Vor-Augen-Malens, ist zugleich auch seine Schwäche. Alle Pastoren müssen große Sprachmaler sein, damit es gelingt, die Predigthörer jeden Sonntag zur Wiedergeburt zu führen. Wie einfach hat es in dieser Hinsicht der katholische Priester! Der Priester erfüllt auch dann seine Funktion, wenn er nach einer unsäglich schlechten Predigt durch das Austeilen der Heilsmittel während der Heiligen Messe den Gläubigen ihr ganz persönliches Heil übermittelt. Es kann einfach nicht misslingen. Selbstredend: Ein sprachmächtiger Priester bietet den Gläubigen ein Surplus, zur Arbeitsplatzbeschreibung eines Priesters gehört die Fähigkeit, spannend zu predigen, leider nicht zwingend.

—— Ich hatte das Glück, in meinen Jugendjahren einem Pastor mit Charisma zuhören zu müssen, der in kräftigen Farben die sündige Verkommenheit der Welt auszumalen verstand, ohne die Hölle bemühen zu müssen, und der in duftigen Pastelltönen die Erlösung in Jesus Christus präsentierte. Quälend waren die Sonntage, wenn ein talentloser Pastor aus einer Nachbargemeinde sich durch die fünfunddreißig, oft vierzig Minuten der Predigt kämpfte. (Es gab eine Grundregel: Je schlechter der Pastor, desto länger die Predigten.) Ich ging dann minutenlang in meiner Gehirnkammer spazieren.

—— Wie gesagt: Die Calvinisten waren (mit wenigen Ausnahmen) keine radikalen Bilderstürmer, aber Bilderkritiker, das ja. Dämonisiert haben die Calvinisten die Bilder nicht. Sie hatten allerdings auch kein ganz so entspanntes Verhältnis zu den Bildern wie Luther, der sie als didaktische Hilfen schätzte: Bilder, sofern man sie nicht anbetete, halfen dem einfachen Volk, eine Vorstellung von der heiligen Geschichte zu bekommen.

—— Ich hege in den Zeiten der Bilderflut inzwischen wieder Sympathie für die Bilderkritik der Calvinisten. Jede Bildvorstellung Gottes ebnet leicht den Abstand ein, den Gott, trotz größter Nähe, von der Welt trennt. Weil jede Bildvorstellung eine Ansicht oder Perspektive festlegt, wird die Andersartigkeit Gottes und damit seine kritische Distanz zur Welt oft eingeebnet. Gott geht in seinen Bildrepräsentationen oder Vorstellungen nicht auf (vgl. Friedrich Wilhelm Graf, Missbrauchte Götter, 2009). Damit aber ist auch jedes Gottesbild, das beamtete Theologen entwerfen (Jesus als emanzipatorisch gereifter Neuer Mann, Jesus als tadelloses kantisches Vorbild mit moralischem Bizeps, Jesus als hipper Wandercharismatiker, Jesus als erster Psychotherapeut mit Heilungsgarantie) oder das Künstler gestalten, als ein mögliches Bild durchschaubar und kritisierbar. Die Ästhetik des sonntäglichen Vor-Augen-Malens ist vor der Festschreibung einer definitiven Ansicht besser geschützt, weil sie sehr flüchtig ist und der eigenen Fantasie viel Raum lässt.

In den protestantischen Haushalten steht zwar die bildende Kunst in der Gunst oft weit hinter der Musik zurück, auch in meinem Elternhaus, aber an den Wänden hingen durchaus Gemälde, oft religiöse Kunst im Stil der Nazarener, aber zunehmend auch moderne Kunst. Ich erinnere mich an eine lebhafte Diskussion am Esszimmertisch, als mein Vater plötzlich milde in seiner Ablehnung von Beuys wirkte, weil ihm dessen Bekenntnis, alle Menschen seien Künstler, als Elitenkritik durchsichtig wurde und er über eine wacklige Brücke von der Priesterschaft aller Gläubigen zur Künstlerschaft aller Menschen hinüberschritt. Zu den Geburtstagen bekamen meine Schwestern und ich häufig Kunstbücher geschenkt, später Pastellkreiden und Aquarellkästen. Bilder über die Hölle habe ich erst viel später kennengelernt.

Jetzt habe ich eine neue Chance, ein Höllengemälde genauer zu studieren. Das Internet spuckte ein Bild aus, das in der Staatlichen Kunsthalle im nahen Karlsruhe zu bewundern ist. Der Maler ist Joos van Craesbeeck, ein flämischer Maler und Bäcker, der um 1650 *Die Versuchung des heiligen Antonius* malte.

Barbara und ich sitzen auf zwei Stühlen vor dem Gemälde und tragen zusammen, was auf dem Getümmel zu sehen ist: Vier Augen sehen mehr als zwei. Zu unserer Überraschung sind wir nicht die Einzigen, die sich für das Gemälde im Museum in Karlsruhe interessieren. Vor allem Kinder sind sichtbar fasziniert.

Unter dem Baum sitzt Antonius, der Patriarch der Mönche, ein geborener Ägypter, der sein Vermögen verschenkte und sich als Eremit von der Welt zurückzog. Das Buch der Bücher auf dem Schoß, widersteht er allen Versuchungen. Neben ihm eine Schankwirtin mit Nebenerwerbserlaubnis. Oben rechts ein überdimensionierter Apfel. Laszive Frauen in Rückenposen. Monster, Dämonen und Maschinenwesen, die überzeugender wirken als das Personal in *Star Wars*. (Auch wenn sie nicht ganz die Klasse von Hieronymus Bosch haben.) Ein Blick in den Kopf des Riesen zeigt überdeutlich die verdorbenen Gedanken. Und dann natürlich der Schlund. Vielleicht ist nie überzeugender die Idee des Höllenschlundes in ein Bild gepackt worden.

—— „Wahrscheinlich war das Höllenmotiv bei den Malern deshalb so beliebt, weil man ungeniert die schmuddeligen Nachtgedanken malen durfte. Eigentlich müsste das Bild heißen: Die Versuchung des Joos van Craesbeeck." Barbara streift mich mit einem Blick.

—— Ich nicke. Wir beenden das Spiel „Ich sehe was, was du nicht siehst". „Ich würde der Versuchung nachgeben, wenn du mich zu einem Wein einladen würdest. Als Kind habe ich übrigens immer geglaubt, man käme durch einen Vulkan in die Hölle. Ich möchte jetzt doch genauer wissen, woher die Höllenvorstellung kommt, ob es eine katholische Erfindung ist, was sie leistet und wie man heute damit umgeht. Ist die Hölle leer, ja oder nein? Eine klare Antwort, bitte. Klare Antworten entängstigen charmant." Sie hakt mich unter und führt mich in ein Bistro. Ich trinke schnell, weil es mich an den Schreibtisch treibt.

—— Für die Bildfindung des Flamen Joos van Craesbeeck dürfte ein Jesus-Zitat Pate gestanden haben. „Geht ein durch die enge Pforte! Denn die Pforte ist weit, und der Weg ist breit, der zum Verderben hinführt, und viele sind es, die auf ihm hineingehen; denn die Pforte

Joos van Craesbeeck: **Die Versuchung des Heiligen Antonius,** um 1650

ist eng, und der Weg ist schmal, der zum Leben hinführt, und wenige sind es, die ihn finden." (Matthäus 7,13) Überhaupt: Der historische Jesus geht mit Höllenvorstellungen sehr sparsam um. Es besteht ein (wackliger) exegetischer Konsens, dass die detaillierte Gerichtsschilderung in Matthäus 25,31–46, wo vom Teufel und vom ewigen Feuer die Rede ist, eine Erfindung des Matthäus war – mit einer riesigen und desaströsen Wirkungsgeschichte! In den wenigen Stellen, wo Jesus von der Hölle spricht, benutzt er den Ausdruck „ge-hinnom", eine Bezeichnung für einen Ort, der von Gott verworfen und als Strafstätte ausgewählt worden war. Es geht, wie Vorgrimler in seinem viele Quellen inventarisierenden Buch *Geschichte der Hölle* zeigt, zurück auf das „Hinomtal in der Nähe Jerusalems. Dort wurde der assyrische Gott molek (Moloch) an einem Kultort namens Tophet durch Brandopfer, manchmal wohl auch durch Kinderopfer im achten und siebenten Jahrhundert v. Chr. verehrt. Vom Propheten Jeremia wird ein Gottesfluch über diese Stätte berichtet." (Herbert Vorgrimler, Geschichte der Hölle, 1994, 18)

—— Allenfalls in einer Beispielerzählung des Lukasevangeliums (16, 19–31) finden sich Andeutungen einer Höllenvorstellung für Reiche. Wahrscheinlich stammt diese Erzählung von Jesus selbst, weil sie als Illustration des Weherufes über die Reichen in der Bergpredigt gelesen werden kann. Mit den Reichen und den Bänkern hatte Jesus hellsichtig immer seine Probleme. Im Johannesevangelium fehlt die Höllenvorstellung übrigens ganz. Vorstellungen vom Höllenreich in der Briefliteratur sind auch eher selten, haben geringen Anhalt an 1 Petrus 3,19 und Römer 10,7.

—— Wie ist die Höllenvorstellung im Glaubensbekenntnis zu deuten? Zunächst: Durchgesetzt hat sich die Formulierung: Abgestiegen in das Reich des Todes. Die Funktion im Credo kann eine dreifache sein: Erstens kann dadurch ausgeschlossen werden, Jesus sei nur scheintot gewesen; zweitens ist es ein Bildmotiv für ein Erlösungshandeln, das alle vorstellbaren Räume einbezieht; schließlich kann es die Erlösungsfunktion bezeichnen: Jesus hat stellvertretend für alle Menschen die Schuld auf sich geladen und die Menschen mit Gott versöhnt.

—— Die Formulierung *Abgestiegen in das Reich des Todes* erinnert beim ersten Hören an die Totenreichvorstellungen der Umwelt: an den alttestamentlichen Scheol, die Totenreichvorstellung des Gilgamesch-Epos, den griechischen Hades. Schaut man genauer hin, ergibt das eine schwierige Koalition. So wie es nur extrem wenige Stellen im Alten Testament über die individuelle Auferstehung gibt (etwa im Danielbuch), sind auch die Hinweise auf das Totenreich eher dürftig. Wer im Totenreich oder im Schattenreich endet, ist, wie es im Psalm 88 heißt, der Hand Gottes entzogen. In der Weisheitsliteratur (vgl. auch Jesaja 5,14) wird noch einmal betont: „Alles Arbeiten des Menschen ist für den Rachen des Totenreichs, und dessen Schlund wird niemals voll" (Kohelet 6,7). In ganz späten Texten gehören Wurm und Feuer zu den Requisiten der Unterwelt.

—— Sogar die Vorstellung, dass Gott einen Toten aus der Unterwelt herausholt: „Einen Verstorbenen (Elija) hast du vom Tod erweckt, aus der Unterwelt (scheol)" (Sirach 48,4), erinnert an die geläufigen Vorstellungen, es tobe ein mythischer Kampf zwischen Oben und Unten, zwischen Göttern und dem Herrn der Unterwelt: Götter steigen herab, um den Bruder, die Schwester, den Freund oder die Geliebte zu befreien.

— Offenbar kennt jede Religion verwandte Totenreichvorstellungen, was ist dann aber das Spezifische am Christentum?

— In den Vorstellungen vom Totenreich in der Umwelt des Christentums sind Götterwelt und Menschenwelt klar unterschieden. Menschen sollen gefälligst im Hades bleiben, dazu gibt es Wächter, die einen Ausbruch verhindern. Diese Vorstellung nimmt den Menschen die Angst, auf Untote und Wiedergänger zu treffen. (Man übersah dabei großzügig, irgendwann selbst in der Unterwelt zu landen.) Grabfunde belegen, dass Verwandte den Toten oft goldene Münzen mitgaben als Passagegeld für den Fährmann ins Jenseits, für Charon, der nach der griechischen Mythologie die Toten über den Fluss des Vergessens (Lethe) ins Schattenreich übersetzte. Für diese letzte Reise wurde der sogenannte Charons-Pfennig fällig. Im Schattenreich wurde zwar geklagt, aber gefoltert und gequält wurde in den vorchristlichen Unterwelten nicht!

— Wahrscheinlich stehen hinter diesen Bildern vom Totenreich vegetative zyklische Vorstellungen – vielleicht auch Feste an Jahreszeitenwenden wie Sommer/Winter oder Ernte/Hungerzeiten. Einen vergleichbaren Mythos gab es auch im israelitischen Umfeld (Anat-Baal-Zyklus): Während Anat und Baal in der Unterwelt weilen, ist die Welt finster, wenn Anat wiederkommt, blüht alles auf.

— Im Christentum weichen die zyklischen Vorstellungen einem linearen, auf ein Ziel (Telos) hin ausgerichteten Entwicklungsgedanken. Im Alten Testament vollzieht sich diese Umstellung schrittweise bei den Propheten und in der Apokalyptik. Mit der Umstellung auf den Telos-Gedanken entsteht allerdings ein Dilemma: Endgültigkeit. Die Vorstellung eines Jüngsten Gerichts mit einem doppelten Ausgang liegt nahe.

—— Solange Götterwelt und Menschenwelt markant unterschieden sind, besteht kein logisches Problem. Erst wo Möglichkeiten erdacht werden, dass ein Aufstieg zu Gott möglich sei, kommt die Unterweltvorstellung in Bedrängnis. Denn die Frage nach dem neuplatonischen Aufstieg zu den Göttern oder die christliche Frage nach dem Himmelreich (= Gemeinschaft mit Gott) provozieren konsequenterweise neue Fragen nach Kriterien: Was muss getan oder unterlassen werden, um nicht in die Hölle zu kommen? Den mythologischen Geschichten werden für die eigenen Zwecke Maßstäbe unterlegt, die Bedingungen für den Aufenthalt im Jenseits formulieren. In der Volksfrömmigkeit dienen Gerechtigkeitsvorstellungen als interne Maßstäbe. Die Konsequenz: eine Ethisierung der Unterweltvorstellung!

—— Mythologien werden durch die Vorstellung einer möglichen Nähe zu den Göttern einem Prozess der Ethisierung unterworfen. Mit verheerenden Folgen im Christentum: Angst ist der Effekt. Wo Mythen moralisiert werden, geht es immer darum: Wenn du so etwas tust, dann geschieht dir Folgendes (= Tun-Ergehen-Zusammenhang). Oben und Unten müssen schleunigst zu einem integralen Tarifsystem ausgebaut werden; Stufungen von tiefster Hölle bis zum siebten Himmel werden entworfen.

—— Der Tun-Ergehen-Zusammenhang wird über die Mythologie gestülpt und zerstört so ihre Bildhaftigkeit. Auch das Christentum schleppt diese Gerechtigkeitsvorstellungen, an denen sich das Alte Testament bereits abgearbeitet hatte, mit sich weiter. Diese Umstellung, also die Ethisierung der Totenreichvorstellung, führt zu einer Angstreligion.

—— Die ersten Christen kennen keine Hölle, weil sie die Wiederkunft Christi noch zu Lebzeiten erwarten oder weil sie als kleine Elite in dem festen Glauben leben, unmittelbar nach dem Tod in den Himmel zu kommen. Erst in dem Augenblick, als die Wiederkunft Christi sich markant verzögert, und vollends, als das Christentum zur Staatsreligion im Römischen Reich aufsteigt und die ehemals kleine Elite mit Menschen leben muss, die nur dem Namen nach Christen sind und alte Bräuche weiterbetreiben, wird der Tun-Ergehen-Zusammenhang zur Scheidung zwischen Gut und Böse bemüht. Die Ethisierung ist eine Konsequenz der geerbten Masse von „unechten" und „echten" Christen.

—— Die christliche Religion arbeitet später prompt mit der Eingängigkeit von Höllengemälden, die sich ungeniert der Bildwelten aus der Offenbarung des Johannes bedienen. Die Bilder kommunizieren: Das steht dir bevor, wenn du dem christlichen Moralkatalog nicht folgst.

—— Und noch etwas zeigen die Gemälde: Denkt man an die Hölle, so hat man immer Bilder vom kollektiven Leiden vor Augen. So auch in der Kunst. Das Paradies ist nie überbevölkert, die Hölle läuft über. Gesteuert werden die Bildfindungen auch von ästhetischen Theorien über die Masse, exemplarisch bei Dante, der den Schrecken in schöne Reime verpackt. Nach oben hin nimmt die Anzahl der Gott Umgebenden ab. Das heißt: Die Höllen- und Himmelsstufentheorien sind Elitetheorien. Die Masse ist stets den Anforderungen Gottes nicht gewachsen; die Elite hingegen – meist die Heiligen – ist kuschelig nah bei Gott.

Stark befördert werden diese Höllenvorstellungen durch das „Wüten der Todesfurie" – die große Pest um 1350. Aber auch hier muss man unterscheiden: In der Volksfrömmigkeit wird die Pest als Folge üblen Verhaltens gedeutet; etwas bequemer macht es sich etwa ein Vertreter der Elite wie Boccaccio, der sich mit Getreuen verschanzt und den *Decamerone* schreibt – Schreiben und Vorlesen gegen die Angst!

Bereits im 11. und 12. Jahrhundert entwickelt sich die Vorstellung des Fegefeuers – ein Ort zwischen Himmel und Hölle, an dem die Seele ein reinigendes Feuerbad nehmen muss. Wohl nicht zufällig parallel zum aufkommenden Bankenwesen in Italien wird jetzt das Leben des Menschen als Soll- und Haben-Buch gedeutet. Von Nutzen ist es, noch zu Lebzeiten ein Guthaben anzulegen, um nach dem Tod das Leiden im Fegefeuer zu verkürzen. Die Kirche als Herausgeberin des „gültigen Sündenkatalogs" entdeckt mit den Ablassbriefen, die genau die Summe für jede Sünde buchhalterisch benennt, eine ideale Einnahmequelle, die lange sprudelt. Es gibt natürlich Ausnahmen. Kreuzfahrer und Mönche etwa werden vom Ablasshandel befreit.

Lange hat es gedauert, bis der Mönch Martin Luther zunächst mit einem Tintenfass gegen den Teufel wirft und dann nach seiner reformatorischen Einsicht gegen die Käuflichkeit der Gnade und das Tarifsystem des erfolgreichen Ablasspredigers Tetzel zu Felde zieht.

—— Die katholische Kirche ist also bei Licht besehen die Verliererin in diesem Prozess. Sie provoziert durch den Ablasshandel ein Schisma mit einer für die Gläubigen attraktiven Alternative gegen die Angst. Und sie verliert einen Verbündeten. Die Wissenschaft steht zunächst im Dienst der Kirche, will die in der Offenbarung des Johannes berichtete Geschichte, Gott habe nach einem Aufstand Luzifer auf die Erde geworfen, genauer bestätigen. Seitdem hat sie den Einschlagkrater gesucht, Vulkane erforscht und jedes mögliche Tor zur Hölle vermessen. Und auch die apokalyptischen Zeichen für das Weltende werden mit wissenschaftlicher Akribie erforscht. In einem Essay hat Johannes Fried mit guten Argumenten gezeigt, wie die Angst vor der Endzeit ein zentraler Impuls für die Entstehung der Naturwissenschaften war. (Johannes Fried: Aufstieg aus dem Untergang. Apokalyptisches Denken und die Entstehung der modernen Naturwissenschaft im Mittelalter, München 2001) Die Kirche allerdings zeigt sich von den Ergebnissen *not amused*. Die Folgen sind bekannt.

—— Führt die Ethisierung der Totenreichvorstellung zu einer Angstreligion, muss man genau an dieser Stelle umsteuern, um zu einer Religion der Entängstigung zu gelangen. Hierzu sind erneut die Höllenszenarien der Kunst hilfreich. Gemälde verfügen nicht nur über eine einzige Aussage, sie sind stets mehrfach codiert. Die Ablösung von der Angstreligion funktioniert aber nur, wenn der Betrachter eine andere Codierung, eine andere Perspektive einnimmt als die billige Identifizierung mit den Gequälten. Und das muss eingeübt werden.

—— Auffallend ist, dass viele Höllenszenarien nicht in einem gänzlich unweltlichen Ort spielen. Grünewald und andere zeichnen die Hölle als Antiutopia. Sie zeigen Gegenwartszustände des grassierenden Unheils. Was zeigen solche Antiutopien? Sie verlassen das Tun-Ergehen-Schema und versuchen, mögliche Welten darzustellen: So könnte es auch sein. Oder: So ist es. Indem die Maler das Paradies den Qualszenen gegenüberstellen, fordern sie den Betrachter zur Stellungnahme heraus. Aus der Ethisierung der Hölle wird eine Existenzialisierung! Die Bilder drängen auf eine Entscheidung: Hölle ist meine Verzweiflung, meine Geschiedenheit von der Welt, meine Ängste, meine Unsicherheit.

—— Sind mit diesem Vorschlag aber nicht das Böse und die bösen Menschen wie mit einem Taschenspielertrick verschwunden?

—— Ich denke: nein! Auch hier hilft eine Besinnung auf die Bilderfahrung. Die Angstcodierung wird gesteuert, indem der Betrachter sich mit den Verfolgten und Gequälten identifiziert. Der erfahrene Museumsbesucher aber weiß, dass er sich ebenso gut in den anderen Gestalten wiedererkennen darf: in den Teufeln und Dämonen.

—— Aber was zeigen diese Bilder unter dieser Identifizierung?

—— Dämonendarstellungen haben immer eine Besonderheit: Sie sind anthropomorph, aber Augen, Hände, Füße sind deutlich verzerrt und vergrößert; Dämonen sind mit Waffen ausgestattet, haben abstoßende Fratzen, oft Tierköpfe, die Händeanzahl ist gesteigert und mit animalischen Attributen oder obszönen Gesten versehen. Dämonen sind ins Extrem gesteigerter Ausdruck. Was wird damit kommuniziert? Der Bezug zum Menschen soll dadurch deutlich gemacht werden – aber es ist das Verzerrt-Menschliche, das schon Nicht-mehr-Menschliche, das Unmenschliche, das Tierische im Menschen. Der

Dämon ist die verfehlte Menschlichkeit, die verfehlte Wesensbestimmung. Damit ist immer auch schon die ideale Seinsweise, das Wesen des Menschen impliziert. Der Mensch ist Vernunft, nicht animalisch affektgesteuert, er ist innere Ausgeglichenheit und Symmetrie. Indem dieser Identifizierungsvorgang gelingt (in der modernen Kunst legen die Bilder von Francis Bacon diese Identifizierung besonders nahe), entziffert der Betrachter seine eigene Dämonie, seine Fähigkeit, zur Hölle für andere zu werden. Theologen nennen das Sündenerkenntnis. Auch hier spielt die Ethik noch eine Rolle, aber sie konzentriert sich auf die Selbsterkenntnis, ist strikt auf die eigene Person bezogen: Hölle bin ich den anderen.

—— Damit ist das Problem des substanziellen Ortes Hölle gelöst. Die Örtlichkeit ist in beiden Fällen (existenziale Interpretation für Leiden in der Welt und eigenes Dämon-Sein) beseitigt, denn die Hölle ist kein transzendenter Ort mehr, sondern wird ins Innere des Menschen verlegt. Hierin kulminiert der allgemeine Zug der theologischen Entwicklung seit der Aufklärung: Es geht um die Verinnerlichung von Glaubensvorstellungen. Also: Die substanzielle Örtlichkeit lässt sich nicht aufrechterhalten. Unser Weltbild hat sich völlig verändert. Und auch die katholische Theologie und Kirche hat ihre Vorstellungen drastisch modifiziert: Für nahezu alle katholischen Theologen von Rang handelt es sich bei der Hölle um ein Bild, das die ewige Verlorenheit, die mögliche andauernde Gottesferne und das elementare Scheitern an der Bestimmung des Menschen zur Gottebenbildlichkeit beschreibt (vgl. Vorgrimler 336 f.).

—— Die Hölle ist also leer!

Matthias Grünewald, **Die Versuchung des heiligen Antonius,** 1513 bis 1515

—— Ist damit aber auch der Himmel leer?

—— Im Gegenteil: Der Himmel ist voll. Die Bibel beruhigt allerdings, wenn es in Johannes 14,2 heißt, Gottes Haus habe „viele Wohnungen". Im Himmel herrscht offenbar keine Wohnungsnot. (Ob es im Himmel sterbenslangweilig oder spannend ist, untersucht der Germanist und Medienwissenschaftler Jochen Hörisch: Bedeutsamkeit, 2009, 75 ff.)

—— Der volle Himmel kann allerdings nur gedacht werden, wenn man einen bestimmten Gottesbegriff voraussetzt. Nochmals: Die Misere der alten Höllenvorstellung war es, den Tun-Ergehen-Zusammenhang in ein Tarifsystem umzubauen, das sich einseitig an einer ethischen Idee der Gerechtigkeit orientierte und dem Gedanken der Gnade keinen Raum ließ. Das öffnete den Elitetheorien Tür und Tor. Das ethische Gerechtigkeitsprinzip ist zu unterscheiden von Gottes Gerechtigkeit. Bei Gott geht es um Rechtfertigung oder die Gerechtmachung. Diese Gerechtigkeit, das drücken zahlreiche Gleichnisse aus, ist eine bessere Gerechtigkeit – eine Gerechtigkeit, die eben nicht wie im weltlichen Bereich summiert und aufrechnet, sondern eine, die identisch ist mit einer alles verzeihenden Liebe. Am kräftigsten wird dieser Gedanke im Gleichnis vom verlorenen Sohn (Lukas 15, 11 ff.) vorgestellt: Der Vater kommt dem Sohn, der in der Fremde das Erbe verprasst hat, mit offenen Armen entgegen, *bevor* der Sohn irgendwelche Entschuldigungen stammelt. Der ältere Sohn, der brav zu Hause blieb, ist über den aufgetauchten Bruder, dem sogar ein Fest ausgerichtet wird, nicht erfreut. Auf engstem Raum werden irdische und göttliche Gerechtigkeit kontrastiert.

——Diese Vorstellung kämpft immer mit dem ethischen (oder alltäglichen) Gerechtigkeitsempfinden: Ist es denn gerecht, dass die „Bösen" im Himmel landen? Muss man wirklich den Gedanken der Auferstehung aller Menschen, die Theologen sprechen von Allversöhnung, denken? Würden wir nicht insgeheim doch lieber für einen doppelten Ausgang (Hölle oder Himmel) werben oder wenigstens die Bösen ins Nichts stoßen (Annihilation)?

Die Idee der Allversöhnung ist dann entängstigend, wenn man davon ausgehen darf, dass auch die „Bösen" durch das Versöhnungshandeln Gottes umgewandelt werden. Die Demokratisierung des Himmels ist das politische Programm des Protestantismus. Was also ist mit dem Totenreich? Es ist die Allversöhnung. Ein Fest mit Gott.

——Ich bin auf Widerspruch gefasst. Ich gehe aus dem Zimmer, wenn Barbara meine Texte liest, weil jedes Stirnrunzeln an einen Arzt erinnert, der skeptisch eine Röntgenaufnahme mustert.

——„Die Hölle ist leer. Okay." Barbara zögert. „Aber die Lösung mit dem ausverkauften Himmel ging mir doch etwas zu schnell. Die Relativierung des Tun-Ergehen-Zusammenhangs fand ich ganz spannend. Vielleicht müsste man jetzt doch einmal grundsätzlicher über die Grundformen der Angst reden."

——„Also doch Kierkegaard?"

——„Und Riemann."

——Schöne Aussichten.

KRANKHEIT ZUM TODE

IN DER BIBLIOTHEK

MARSILIUSPLATZ 1. HEIDELBERG.

Wenn ich an den Dienstagen und Donnerstagen meine älteste Tochter Birte in den Kindergarten gebracht hatte, nach einem Vorlesemarathon beim Frühstück, ging ich, Student im achten Semester, in die Bibliothek des philosophischen Seminars. Dieter Henrich, der intime Kenner des Deutschen Idealismus und langjährige Direktor des Instituts, hatte die Bibliothek von einem bildenden Künstler ausmalen lassen, der die Räume in vielen kreativen Schüben zu Kathedralen des Geistes umwidmete. Ich habe nie wieder in einer so inspirierenden Bibliothek gearbeitet: Der Blick wurde, sobald er sich aus der demütigen Beugung über das Buch erhob, von Linien, die auf den Bücherschränken aufgetragen waren, nach oben geführt, wo eine starke gestische Malerei die Gedanken voranzutreiben schien. Man erholte sich schnell, wurde nie wirklich müde, ging abends lesesatt zurück.

—— In dem größeren Lesesaal saß vorne rechts Panajotis Kondylis, ein Henrich-Schüler, der elegante und dickleibige Bücher bei Klett-Cotta schrieb. Wenn er las, bewegte er sich stundenlang kaum, stöhnte nie, verließ für nur sehr kurze Pausen die Bibliothek. Der gebeugte Rücken von Kondylis ist für mich bis heute das Inbild eines Gelehrtenlebens. (Nach seinem frühen Tod 1995 hinterließ er eine 5000 Bücher umfassende Bibliothek, die die Aristoteles-Universität in Thessaloniki übernahm. Ein tröstlicher Gedanke.) Sein über 700 Seiten starkes Buch über *Die Entstehung der Dialektik* habe ich in seinem

Rücken gelesen. Er sah es tagelang auf meinem Tisch liegen, lächelte dann immer schmal.

—— Diese Bibliotheksalltage waren beständige Erfahrungen der Endlichkeit. Wenn man sich kurz zurücklehnte und den Blick über die Buchrücken kreisen ließ, stieg die Angst auf, den falschen Autor oder die falsche Epoche ausgewählt zu haben. Ein ganzes Gelehrtenleben würde nicht ausreichen, um nur ein Zehntel der riesigen Bibliothek zu lesen. Für uns Heidelberger der späten Gadamer-Zeit waren die griechischen Klassiker Pflicht und natürlich der Deutsche Idealismus, der durch Dieter Henrich und Michael Theunissen, später durch Hans Friedrich Fulda zu neuem Leben erblühte. Und an manchen Tagen hoffte man, ein lange vergessenes Buch in dieser Bibliothek würde darauf warten, endlich entdeckt zu werden.

—— Stieg man aus der Bibliothek in die oberen Etagen hoch, um an überfüllten Seminaren teilzunehmen, wurde man Zuschauer beim Schaulaufen. Sowohl Theunissen als auch Henrich hatten zahllose Promovenden, die die Seminare nutzten, um den Lehrern nahe zu sein, alle buhlten um Aufmerksamkeit und dienten sich als Lieblingsjünger an, häufig Männer, die zu viele Stunden und Nächte mit Schelling und Hegel im Taxi verbracht hatten. Kam ich aus den Seminaren zu meiner Tochter zurück, die mit rotglühenden Wangen mir ihren Alltag erzählte, habe ich immer deutlich das Glück der Begrenzung gespürt. Wer mit 22 und 26 Jahren Vater wird und nicht weiß, wie lange man durchhält, sollte nicht über Schelling oder Hegel promovieren.

—— Geholfen haben mir in meiner Existenzangst nicht die Seminare, sondern ein privater Arbeitskreis, den der Theunissen-Schüler Günter Figal gegründet hatte. Wir trafen uns während des Semesters jeden Montagabend, häufig bei Figals, acht Jahre lang, immer open end. Hier konnte man auf Augenhöhe diskutieren: Platon, Aristoteles, Heidegger und Kierkegaard. Was ich heute in der Philosophie weiß, habe ich dort gelernt. Und Kierkegaard wurde mir neben Heidegger besonders wichtig, denn Kierkegaard hat den Systembauern à la Hegel vorgehalten, ihnen erginge es wie den Baumeistern der großen Kathedralen, die nicht in den Kathedralen, sondern in den kleinen Baumeisterhütten nebenan armselig hausten. Mit Kierkegaard wurde die Philosophie bewohnbar und lebensfähig. Und der Fortschrittsoptimismus der Aufklärung erfuhr durch Kierkegaard, wahrscheinlich vermittelt über Schelling, einen Dämpfer: Der Grundstoff des Lebens ist die Angst.

──── Über einen Nachmieter im Denken Kierkegaards und Heideggers gleichermaßen habe ich später promoviert: Emmanuel Levinas, gebürtiger Litauer, der in Frankreich große Karriere machte. Aber meinen abgedrehtesten Roman habe ich über Kierkegaard geschrieben: *Der letzte Dandy*. Man dreht den Autoren, die einem sehr nahe liegen, gerne eine Nase.

──── Bei den Kierkegaards lag alles in der Familie.

──── Michael Pedersen Kierkegaard, der angesehene Kopenhagener Kaufmann, weit gereist in jungen Jahren, setzte sich früh zur Ruhe, verwaltete seinen imposanten Besitz und privatisierte. Oft saß er allerdings in Schwermut versunken am Tisch und verwartete den Tag. Der junge Sören beobachtete seinen Vater dann in stiller Verzweiflung. Hintergrund der frommen Schwermut des Vaters waren zwei Übergriffe. Nach dem Tod der ersten Frau nötigte er seine Magd zum Geschlechtsverkehr, ehelichte sie allerdings später mit bleibend schlechtem Gewissen. In jungen Jahren, in der Einöde Jütlands Schafe hütend, hatte der Vater zudem in einer Situation totaler Einsamkeit Gott verflucht. Er war seitdem in dem Wahn befangen, er müsse alle seine Kinder zu Grabe tragen, genauer: Keines seiner Kinder würde älter werden als der historische Jesus.

——Zwischen Sören und seinem Vater kam es nach Sörens Pubertät zu einer deutlichen Entfremdung. Sören studierte halbherzig, suchte die Zerstreuung, kleidete sich wie ein Dandy, feierte nächtelang mit Freunden, ging nahezu täglich ins Theater. Wenige Jahre vor dem Tod des Vaters teilte ihm sein Vater das Familiengeheimnis mit. Diese Offenbarung aus der Einöde Jütlands ängstigte Sören von Stund an: Einerseits wollte er seines Vaters Geheimnis nicht seiner späteren Verlobten Regine verraten, andererseits glaubte er sie auch nicht vor dem Hintergrund dieses Geheimnisses heiraten zu können und mit ihr Kinder zu zeugen, weil er andernfalls den Fluch an seine Kinder weiterreichen würde.

——Sören löste schließlich, obwohl der Vater bereits seit drei Jahren verstorben war, die Verlobung, floh mehrfach nach Berlin, wurde lesefromm, publizierte atemlos Buch auf Buch, führte einen Flugschriftenstreit mit der dänischen Amtskirche, starb schließlich pünktlich, als das Erbe seines Vaters aufgebraucht war, am 11. November 1855 in Kopenhagen, nur zweiundvierzig Jahre alt, aber deutlich älter als der historische Jesus.

—— Kierkegaard war also bestens geeignet, die Angst und die Verzweiflung zu einem Schlüsselbegriff seines Denkens zu machen. In seiner psychologischen Rekonstruktion des Sündenfalls in Genesis 3 (Der Begriff Angst, 1844) beschreibt er die Angst als „Schwindel der Freiheit", weil der Mensch, von der Neugierde getrieben, sich selbst verwirklichen will und die eigene Wirklichkeit als Möglichkeit begreift, die scheitern kann. Angst umschreibt also den kritischen Moment jeder bewussten Lebensgeschichte. Von Kierkegaard auch stammt die Unterscheidung zwischen Furcht und Angst: Furcht bezieht sich auf etwas innerweltlich Vorhandenes, Angst dagegen hat kein direktes Objekt; ich fürchte mich vor dem Gewitter, aber ich habe Angst, meine Lebensbestimmung zu verfehlen. Alltagssprachlich (und auch begrifflich) wird diese Unterscheidung allerdings nicht immer durchgehalten (zum Wortschatz der Angst vgl. Mario Wandruszka: Angst und Mut, 1981, 10–102).

—— Angst oder Verzweiflung gehört für Kierkegaard zur existenziellen Grundverfassung des Menschen. Es gibt kein Leben ohne Angst. Um die Pointe verstehen zu können, muss man die anthropologischen Bestimmungen, die Kierkegaard am Anfang seiner Schrift *Die Krankheit zum Tode* (1849) nennt, zunächst genauer nachvollziehen. Auf den ersten Blick gibt Kierkegaard hier eine komplizierte Struktur vor: „Der Mensch ist Geist. Was aber ist Geist? Geist ist das Selbst. Was aber ist das Selbst? Das Selbst ist ein Verhältnis (...) Der Mensch ist eine Synthese von Unendlichkeit und Endlichkeit, (...) von Freiheit und Notwendigkeit, kurz eine Synthese. (...) Des Menschen Selbst (ist) ein Verhältnis, das sich zu sich selbst verhält, und, indem es sich zu sich selbst verhält, sich zu einem anderen verhält."

——Nachdem Kierkegaard das Wesen des Menschen als Geist bestimmt hat, ersetzt er den Begriff durch das Äquivalent Selbst. Die Pointe kann man schnell deutlich machen, wenn man die alltagssprachliche Bedeutung aufruft: Ich mache es *selbst*. Es geht um eine Handlungsweise, die unvertretbar ist. Die eigene Existenz muss jeder selbst vollziehen. Kierkegaard, das macht ihn so attraktiv, ist ein subjektiver Denker, der den konkreten Einzelnen im Blick hat: das je eigene Selbst.

——Dieses Selbst nennt Kierkegaard nun ein Verhältnis. Das Verb verhalten kann bedeuten: Ich verhalte mich *wie* ein Verrückter, Idiot, Betrunkener oder: Ich verhalte mich *zu* etwas (freundlich zu meiner Tochter). Gemeint ist hier die zweite Variante.

——Etwas klarer wird die Struktur, wenn man sich vor Augen führt, dass das Verhältnis, um das es hier geht, ein Verhältnis aus Synthesemomenten ist: Nach Kierkegaard ist das Selbstverhältnis eine Synthese (griech.: Zusammensetzung) von Endlichem und Unendlichem, Möglichkeit (oder Freiheit) und Notwendigkeit.

——Um hier voranzukommen, hilft eine kleine Entkrampfung. Das Syntheseelement des Unendlichen muss zunächst nur als Idee verstanden werden, die der Mensch besitzt: Seine Fantasie kann sich unendliche Möglichkeiten vorstellen und er kann auch eine klare Vorstellung davon entwickeln, wie die Ewigkeit aussieht. Damit ist noch nichts über die Existenz eines Gottes gesagt. Gott kommt erst jetzt ins Spiel.

—— Der Mensch muss seine Synthese immer wieder herstellen. Anders gewendet: Der Mensch ist die Synthese immer in einer bestimmten Weise. Über das Wie der Synthese entscheidet er selbst, die Struktur, in der er sich verhalten muss, findet er aber vor. Das Selbst ist ein abgeleitetes Verhältnis. Hätte sich das Selbst selbst gesetzt, dann müsste es sich nicht in seinen Seinsbestimmungen verhalten, wäre sich vollständig durchsichtig. Wenn es sich also in dieser Struktur verhält, die es nicht selbst geschaffen hat, verhält es sich damit auch zu einem anderen, der dieses Verhältnis gesetzt hat – nach Kierkegaard: Gott.

—— Die Angst, das *Wie* der Synthese nicht wirklich hinzubekommen, gehört zu seinem Leben. Man kann es die *geschöpfliche oder existenzielle* Angst nennen. Wir müssen uns verhalten, wir müssen zwischen Möglichkeiten entscheiden, wissen aber oft nicht, ob die Wahl richtig ist. Es droht immer der Fall, dass die Synthese in einem Missverhältnis endet. Der Mensch kann den Zwiespalt seiner Synthesis-Struktur nicht wirklich ausloten. Der Begriff für den misslungenen Existenzvollzug heißt deshalb Verzweiflung. Die Ver-zwei-flung beschreibt das Auseinanderfallen der zwei Momente.

—— Kierkegaard unterscheidet verschiedene Gestalten verzweifelter Existenz. Er bietet zunächst eine Typologie von Verzweiflung nach den Momenten der Synthese. Das Selbstwerden des Menschen besteht darin, die vier Momente zusammenzuhalten. Wenn ein Element im Gezweit bevorzugt oder vernachlässigt wird, entsteht jeweils eine unterschiedliche Verzweiflungsform. Da ist zunächst die Verzweiflung der Unendlichkeit im Mangel an Endlichkeit: Der *Phantast* sieht überall Möglichkeiten, übersieht aber die Endlichkeit seiner Lebenszeit. Gegenwendig dazu ist die Verzweiflung der Endlichkeit als Mangel an Unendlichkeit: Der *Borniere* blickt ängstlich auf die eigene Endlichkeit und sieht nicht die Möglichkeiten, die sich ihm bieten. Die Verzweiflung der Möglichkeit als Mangel an Notwendigkeit ergibt den *schwärmerischen oder schwermütigen Träumer*, gegenwendig führt die Verzweiflung der Notwendigkeit als Mangel an Möglichkeit zum *Fatalisten, Deterministen oder Spießbürger.*

——Unter dem Gesichtspunkt der Bewusstwerdung typologisiert Kierkegaard noch einmal Formen der Verzweiflung. So gibt es nach Kierkegaard Menschen, die sich gar nicht klar darüber sind, ein Selbst zu sein, sodann solche, die verzweifelt sie selbst sein wollen (Trotz) oder aber verzweifelt nicht sie selbst sein wollen (Schwachheit). Die Verzweiflung der Schwachheit besteht darin, im Sein durch andere oder im Sein für andere zu existieren. Der *Schwache* will seine Angst loswerden, indem er sich anderen anpasst und sich unterwirft. Die Verzweiflung des Trotzes besteht darin, sich gegen andere zu verschließen, um Schöpfer des eigenen Selbst zu sein. Der *Trotzige* will seine Angst loswerden, indem er andere Menschen unterwirft und ihre an ihn gerichteten Ansprüche nicht wahrnimmt.

——Wenn der Mensch darauf beharrt, die Synthesis-Struktur aus eigener Kraft ausloten zu wollen, wird aus der geschöpflichen oder existenziellen Angst *dämonische* Angst (vgl. auch Wilfried Härle, Dogmatik, 1995, 456 ff.) oder Sünde. Der Trotzige erkennt die Faktizität des Gesetztseins nicht an und will nur seine Existenzialität leben. Der Schwache akzeptiert zwar seine Faktizität, will sich aber nicht verhalten. In beiden Fällen wird die Angst verdrängt.

——Eine Überwindung der Angst oder Verzweiflung gelingt nach Kierkegaard nur im Glauben. Glaube ist die Negation des Verhaltens, aus eigener Kraft Ruhe und Stabilität finden zu wollen. Anders gewendet: Glaube ist der Name für den gelungenen Existenzvollzug.

——Gibt es auf Erden aber einen Maßstab, an dem man sich orientieren kann? Nach Kierkegaard: ja. Jesus ist die ideale Synthese von Zeitlichem und Ewigem, eine Synthese ohne Negativität. Er erschließt einen Spielraum der Freiheit, in dem die Lebensbestimmung des Menschen, als Geschöpf Gottes zu existieren, gelingen kann. Der Mensch als Glaubender will die von Christus exemplarisch vorgelebte Weise des Existierens wiederholen. Konkret ist damit der Nachfolgegedanke gemeint, also Taten der Liebe, die sich im Spielraum der durch Jesus erschlossenen Freiheit als Verbundensein mit allen Menschen vollziehen.

——Diese späte, überaus faszinierende Schrift ist die Summe seines Denkens und Lebens. In immer neuen Anläufen hat Kierkegaard sein Programm, Philosophie konkret werden zu lassen, ratifiziert und dabei Lebensstadien und Lebensformen unterschieden, die er selbst durchlaufen hat. Kierkegaard beschreibt sprachmächtig zunächst das „Ästhetische Stadium", in dem er sich lange trotzig bewegte. In der ästhetischen Existenz ist der Mensch nach Kierkegaard ein Naturwesen, das sich am Genuss orientiert. Sinn wird im Modus der Sinnlichkeit begehrt, kann sich aber nicht auf Dauer einstellen, weil jeder Genuss nach Überbietung strebt und in der Angst vor der Langeweile verharrt. Der Ästhet ist ein Sklave der Sinnlichkeit. Geschmacksexzesse, erotische Sinnlichkeitsorgien oder die literarisch verdichtete

Kunst der Erinnerung (Kierkegaards literarisches Meisterwerk ist *Das Tagebuch eines Verführers*) ringen mit dem nicht lösbaren Problem, mit sinnlichen Mitteln Überzeitliches herstellen zu wollen. Diese Figuren finden zwar Genuss, ihnen fehlt aber ein konsistenter Lebenssinn.

⎯Einen in sich stimmigen Lebenssinn ergibt erst die ethische Lebensform. Die Freiheit des Ästhetikers ist bei näherem Zusehen eine Unfreiheit, weil er von seiner Natur abhängig bleibt, sich also nicht selbst gewählt hat. Die Freiheit, Ziele zu setzen, ist eine ungleich höhere Freiheit als die Freiheit des Ästhetikers, weil der Ethiker einen Standpunkt außerhalb seiner Naturdeterminiertheit einnimmt. Der Ethiker weiß damit auch um den Spielraum des Verhaltens, der immer ein Spielraum ist, der das Verhalten anderer Menschen mit ins Kalkül nimmt. Allein, so die Einsicht, kann man nicht glücklich sein, weil der egoistische Genuss immer zulasten anderer geht und keine Stabilität erreicht. Vom Standpunkt des Ethikers aus lebt der Ästhetiker als Schmarotzer. Ethische Kategorien wie Gut und Böse kommen erst in diesem Stadium, wenn der Mensch seine Naturdeterminiertheit hinter sich lässt und sich dem Maßstab des Allgemeinverbindlichen unterstellt, zur Anwendung. Formen ethischen Verhaltens sind nach Kierkegaard Beruf, Ehe und Freundschaft.

⎯Kierkegaard kritisiert das ethische Stadium, weil das ethische Sollen letztlich zu einer Überforderung führt: Man wird den Ansprüchen der anderen nie ganz gerecht. Erst in der christlichen Lebensform kann, so Kierkegaard, die Freiheit um ihrer selbst willen erstrebt werden. Sie konkretisiert sich als Hingabe, die keine Unterwürfigkeit meint, sondern eine Zugewandtheit, die gelernt werden kann, wenn man sich in ein Verhältnis zu Jesus setzt – Kierkegaard nennt es den Sprung in den Glauben –, der die Hingabe vorgelebt hat.

Nochmals: Wir müssen unsere Existenz selbst vollziehen. Die Philosophie kann nur die formalen Grundstrukturen der Existenz beschreiben. Kierkegaard hat sich deshalb hinter vielen pseudonymen Masken versteckt, um mit dem Leser indirekt zu kommunizieren, indirekt, weil Kierkegaard nicht als Autorität auftreten wollte, die präzise weiß, wie im Einzelfall das Leben gelingt.

Man kann den Einfluss Kierkegaards auf die nachfolgende Philosophie (und Theologie) kaum überschätzen. Nur eine wirkmächtige Position will ich kurz skizzieren. Heidegger ist der schwerstbegabte Schüler Kierkegaards. *Existenzialien* nennt er die formalen Grundstrukturen des Daseins in seiner epochemachenden Schrift *Sein und Zeit* (15. Auflage, 1979). Dazu zählt, dass das Dasein zu seinem eigenen Sein ein Verhältnis hat und ein Verhalten vollzieht; dass es mit anderen Menschen (Mit-sein) existiert; dass es eine Synthese aus Geworfenheit und Entwurf ist; dass der Horizont seiner Zukunft der Tod ist (Sein zum Tode); dass es als Sein zum Tode geprägt ist durch die Grundbefindlichkeit der Angst als Wissen um den bevorstehenden Selbstverlust (an das Nichts). Das Dasein hat nach Heidegger also den Charakter einer umfassenden Sorge um das eigene Dasein.

Zwei Grundmodi der Existenz unterscheidet Heidegger. Im Modus der Eigentlichkeit verhält sich der Mensch bewusst als geworfener Entwurf und stellt sich dabei dem Wissen um den eigenen Tod. Im Modus der *Uneigentlichkeit* lässt er sich von Meinungen und

Einflüsterungen (das „Man") treiben und vom Wissen um den Tod ablenken. Das Gewissen interpretiert Heidegger als Ruf des Selbst zur eigentlichen Existenz.

——Auffällig ist, dass Heidegger auf den Ausdruck der Verzweiflung beinahe ganz verzichtet und die misslungenen Existenzweisen nicht eigens auffächert. Anders als Kierkegaard hält er auch diesseits des Glaubens einen gelungenen Umgang mit der Angst für möglich.

*

——Auch nach Stunden in der eigenen Bibliothek, verschanzt hinter vielen Regalmetern bunter Buchrücken, still kommunizierend mit dem Gemurmel zwischen den Buchdeckeln, darf man nicht das Gesicht vergessen, für das man schreibt und in das man oft angstvoll blickt, wenn es sich in den Text vertieft. Ich nehme mir dann immer eine Auszeit und entspanne mich vor dem Fernseher. *Leute heute* und *Exklusiv* sind ganz wunderbare Sendungen, um diese Angst zu vergessen.

——„Kommst du bitte? Also: Diese Grundweisen der Angst nach Kierkegaard kommen mir irgendwie ziemlich vertraut vor. Aber die Frage ist doch in der Tat, ob die Verzweiflung dauerhaft nur im Glauben überwunden werden kann. Und ob die Verzweiflung ein notwendiger Zugang zum Glauben ist. Und die Lösung mit dem Sprung in den Glauben fand ich sportlich, aber auch etwas übereilt. Riemann jedenfalls hat diese Probleme nicht. Und auch Heidegger ist, wenn ich deinen Text richtig verstanden habe, sehr viel vorsichtiger."

——Riemann.

—— Ich komme an Riemann nicht mehr vorbei.

—— „Ich möchte gerne verstehen, wie die Philosophie, die Theologie oder die Psychotherapeuten mit der Angst umgehen. Du bist doch auch Seelsorger. Da gibt es doch bestimmt Berührungen. Oder?"

—— Seelsorger?

—— Nein. Theologen sind keine Seelsorger. Damit geht es schon los!

VIER GRUNDFORMEN DER ANGST

AUF DEM SOFA

SOKRATES WAR DER SEELSORGER DER ATHENER.
Hermann Timm charakterisierte ihn einmal so. Besser kann man es
nicht sagen. Sokrates kümmerte sich um die Seele seiner Landsleute,
wo immer und wann immer er einen Gesprächspartner auf dem
Markt traf. Und er konnte bekanntlich hartnäckig sein. Sokrates trieb
auch in Maßen Sport, genauer: Gymnastik, aber vor allem deshalb,
weil ein gesunder Körper unauffällig ist und der Seelsorge keinen
großen Widerstand leistet. Der Körper, so heißt es in einem der spannendsten Dialoge, im Phaidros (246 b), sei ein Kerker der Seele. Ein
Satz mit einer verheerenden Langzeitwirkung. Lange hat es gedauert,
bis Michel Foucault diesen Satz umdrehte. Und körperfreundliche
Romane wie Jelineks „Lust" oder Roches „Feuchtgebiete" sind allein
aus diesem Grund, unabhängig von der literarischen Qualität, extrem
notwendig.

—— Es gehört zu den größten kulturellen Missverständnissen, wenn
christliche Theologen *Seel*sorger genannt werden. Wir sind keine. Der
Idee nach ist das Christentum körperfreundlich. Für die griechischen
Ohren war die Idee, dass ein Gott nicht nur zum Spaß einen menschlichen Körper annimmt, sondern mit allen Konsequenzen Mensch
wird, ein großer Skandal. Ohne diesen Skandal ist das Christentum
allerdings nicht zu haben. Und der Skandal potenziert sich noch,
wenn man zu der Vorstellung kommt, nicht die Seele, sondern in
einer vergeistigten Form werde auch der Körper den Tod überstehen!

Körperfreundlicher kann man schlechterdings nicht denken! Allein deshalb ist mir das Christentum so unendlich lieb.

—— Natürlich. Die Theologiegeschichte ist spätestens seit Paulus und Augustinus alles andere als körperfreundlich, vielmehr verklemmt, sexualfeindlich, feieruntüchtig, aber der Idee ihres Stifters Jesus von Nazareth nach ist das Christentum eine körperfreundliche Religion. Wahrscheinlich die körperfreundlichste Religion überhaupt.

—— Theologen sind also eigentlich nicht Seelsorger, ihnen geht es um den ganzen Menschen, um, wie Kierkegaard sagen würde, das Selbst. Der Ausdruck Selbstsorger ist leider etwas missverständlich. Aber mit Leib und Seele Menschensorger – das ja.

—— Demonstrieren lässt sich diese These von der Körperfreundlichkeit des Christentums sehr leicht an der Geschichte von der blutflüssigen Frau (Lukas 8,43ff.). Man muss sich das Schicksal der Frau kurz vor Augen malen, um ihre Verzweiflung zu verstehen. Seit zwölf Jahren menstruiert sie unaufhörlich und ist damit in der von Reinheitsregeln geprägten jüdischen Kultur schlechterdings nicht gesellschaftsfähig. Die Reinheitsregel in Leviticus 15,25 – 27 sagt unmissverständlich, dass jeder Mensch, der eine Frau berührt, die den Blutfluss hat, unrein wird, seine Kleider waschen und ein Bad nehmen muss und unrein bis zum Abend bleibt. An Zärtlichkeit oder Sexualität ist also nicht zu denken. Diese Frau bleibt in ihrem Milieu ausgegrenzt, verstoßen, verzweifelt, in jeder Hinsicht kontaktarm. Zwölf Jahre ohne jede Berührung. Unmenschlich! Kaum auszudenken. Lukas, der mir der liebste Urschriftsteller des Christentums ist, gilt als Evangelist der Armen. Eine seiner Pointen ist: Die Kontaktarmen sind die eigentlich Armen.

—— Und diese ausgegrenzte Frau bricht die Kontaktsperre, setzt sich über die Reinheitsgebote hinweg und berührt in einem Pulk von Menschen Jesus an den Quasten seines Kleides und wird sofort geheilt. Jesus, offenbar extrem empfindsam, spürt die Berührung, dreht sich um und fragt, wer es gewesen sei. Vor Angst zitternd fällt die Frau auf die Knie, erzählt, warum sie Jesus berührt habe, und berichtet von ihrer Heilung. Die lapidare Antwort Jesu: „Tochter, dein Glaube hat dir geholfen; gehe in Frieden." (48)

—— Ich bin immer wieder darüber erstaunt, wie bedeutungsexplosiv die schmalen Geschichten des Lukas sind. Seit zwölf Jahren ist die Frau erkrankt. Zwölf ist eine Appellzahl, die jeder Zuhörer in Palästina versteht. Mit zwölf Jahren endet die Kindheit, jede Frau tritt allmählich in das Erwachsenenalter ein. Jesus nennt die geheilte Frau seine Tochter, heißt sie aus dem Sand aufstehen und erhobenen Hauptes wieder einen Platz in der Gesellschaft einnehmen. Nicht zufällig erinnert diese Geschichte an die Schöpfungserzählung aus der Genesis. Lukas legt die Geschichte so an, damit sie bildlogisch (aus dem Staub in den aufrechten Gang) und dramaturgisch als eine *Neuschöpfung* im präzisen Sinn des Wortes gelesen werden kann.

—— Diese Neuschöpfung ereignet sich, weil die Frau darauf vertraut hat, dieser Mensch Jesus von Nazaret könne ihr helfen. Vielleicht hat sie sich bereits länger in seiner Umgebung aufgehalten und erfahren, wie unbefangen dieser Jesus mit den Reinheitsgeboten umging. Auf jeden Fall überwindet sie im Vertrauen auf diesen Jesus von Nazaret ihre Angst. Allein die Berührung, die sie eine ganze Kindheit lang nicht mehr gespürt hat, macht sie gesund. Menschen sind Hautwesen, zumeist eher dünnhäutig als dickhäutig. Die Geste der Berührung, der Kontakt, setzt die kranke Frau wieder in alle Rechte ein. Sie wird erlöst von ihrer Kontaktarmut und damit geheilt.

—Wer mag, kann das eine psychosomatische Heilung nennen, sofern der Nachdruck auf die Geste der Berührung gelegt wird. Kultische Gesetze dürfen, so die Pointe, die vitalen Körperrechte des Menschen nicht verletzen. Tun sie das, gehören sie abgeschafft. Der Körper ist nicht länger ein Gefängnis der Seele. Eine schmale Geschichte wie gesagt, die die ganze sokratisch-platonische Lebensdeutung umwidmet. Das nenne ich eine wahrhaft frohe Botschaft. Der Körper ist endlich frei.

—Ich habe in einer Zeit Theologie in den Niederlanden studiert, als sich diese körperfreundliche Einschätzung noch nicht herumgesprochen hatte. Ich erinnere mich an „Seelsorgerseminare", die ich als überaus beklemmend empfunden habe. Man saß auf einem Sofa, hatte Literatur zur Entwicklungspsychologie gelesen, natürlich Freud, neueste Erkenntnisse der Tiefenpsychologie im Gepäck, war auf das Hinhören geeicht, und doch ziemlich hilflos. Ich wäre an jedem dieser Dienstagabende am liebsten in den Ritzen des Sofas verschwunden. Ich wusste nicht wohin mit meinen Händen, mein Körper machte sich unangenehm bemerkbar, meine Gesichtszüge waren maskenhaft. Beinahe alle Studenten kamen frustriert aus den Sitzungen heraus. Man sagte dem angesagten Jargon entsprechend zwar, man sei frustriert, meinte aber verängstigt.

—Ein unverkrampftes Verhältnis habe ich zum Thema Seelsorge nie bekommen. Erst Drewermann nahm in den Achtzigern auch den

Protestanten die Angst vor der Tiefenpsychologie. Seine freundliche Übernahme von C. G. Jung hat mich aber nicht wirklich überzeugt, weil bei Jung die Angst nicht im Zentrum seiner Analysen steht. Angst wird im Denken Jungs als emotionale Reaktion auf die Einsicht gedeutet, dass das kollektive Unbewusste von irrationalen Kräften beherrscht wird (C. G. Jung, Psychologische Typen, 1960; Eugen Drewermann, Tiefenpsychologie und Exegese, 2 Bde, 1990).

——Ganz anders bei Riemann. Hier steht die Angst im Zentrum. „Angst gehört unvermeidlich zu unserem Leben. In immer neuen Abwandlungen begleitet sie uns von der Geburt bis zum Tode. Die Geschichte der Menschheit lässt immer neue Versuche erkennen, Angst zu bewältigen, zu vermindern, zu überwinden oder zu binden. Magie, Religion und Wissenschaft haben sich darum bemüht. Geborgenheit in Gott, hingebende Liebe, Erforschung der Naturgesetze oder weltentsagende Askese und philosophische Erkenntnisse heben zwar die Angst nicht auf, können aber helfen, sie zu ertragen und sie vielleicht für unsere Entwicklung fruchtbar zu machen. Es bleibt wohl eine unserer Illusionen, zu glauben, ein Leben ohne Angst leben zu können; sie gehört zu unserer Existenz und ist eine Spiegelung unserer Abhängigkeiten und des Wissens um unsere Sterblichkeit. Wir können nur versuchen, Gegenkräfte gegen sie zu entwickeln: Mut, Vertrauen, Erkenntnis, Macht, Hoffnung, Demut, Glaube und Liebe. Diese können uns helfen, Angst anzunehmen, uns mit ihr auseinanderzusetzen, sie immer wieder neu zu besiegen. Methoden, welcher Art auch immer, die uns Angstfreiheit versprechen, sollten wir mit Skepsis betrachten; sie werden der Wirklichkeit menschlichen Seins nicht gerecht und erwecken illusorische Erwartungen." (7)

—— 39. Auflage!

—— Jeder Autor will gelesen werden. Das denunzierende Wort *Bibliotheksleiche* ist ein typisches Angstwort. So will man als Autor nicht enden. Nur die unrettbar Arroganten belächeln hohe Auflagen als Massengeschmack. Offenbar hat Riemann mit seinem Buch einen Nerv getroffen. Nach der Lektüre verstehe ich, warum so oft nachgedruckt wurde. In einem unaufgeregten Stil, in den die Fallstudien sich genau einpassen, schreibt Riemann einen Text, in dem sich der Leser oder die Leserin in einzelnen Figuren und Konstellationen wiedererkennt und besser versteht. Wo immer das gelingt, haben wir es mit großer Kunst zu tun. (Auffällig viele Psychotherapeuten sind gute Stilisten, etwa Irvin D. Yalom: Der Panama-Hut oder Was einen guten Therapeuten ausmacht, 10. Auflage, 2002; ders.: Und Nietzsche weinte, Roman, 2009.)

—— Die Grundkonzeption, die Riemann anbietet, ist aufregend durchsichtig. Er nennt vier Grundforderungen an den Menschen, die sich als zwei polare Gegensatzpaare ergänzen:

—— Die erste Forderung ist, „dass wir ein einmaliges Individuum werden sollen, unser Eigensein bejahend und gegen andere abgrenzend, dass wir unverwechselbare Persönlichkeiten werden sollen, kein austauschbarer Massenmensch". (14) Die zweite Forderung ist die, „dass wir uns der Welt, dem Leben und den Mitmenschen vertrauend öffnen, uns einlassen sollen mit dem Nicht-Ich, dem Fremden, in Austausch treten sollen mit dem Außer-uns-Seienden". (15)

Die dritte Forderung ist, „dass wir die Dauer anstreben sollen. Wir sollen uns auf dieser Welt gleichsam häuslich niederlassen und einrichten, in die Zukunft planen, zielstrebig sein, als ob wir unbegrenzt leben würden, als ob die Welt stabil wäre und die Zukunft voraussehbar, als ob wir mit Bleibendem rechnen könnten." (15) Schließlich besteht die vierte Forderung darin, „dass wir immer bereit sein sollen, uns zu wandeln, Veränderungen und Entwicklungen zu bejahen, Vertrautes aufzugeben, Traditionen und Gewohntes hinter uns zu lassen, uns immer wieder vom gerade Erreichten zu lösen und Abschied zu nehmen, alles nur als Durchgang zu erleben." (16)

Dieses anthropologische Schema entnimmt Riemann, und das ist die große Überraschung in diesem Buch, einer kosmischen Analogie. Jeder Mensch wird in eine Welt hineingeboren, die von vier Kräften, die als zwei Antinomien zusammengespannt sind, ausbalanciert wird. Die Erde umkreist die Sonne, „bewegt sich also um das Zentralgestirn unseres engeren Weltsystems, welche Bewegung wir als Revolution, ‚Umwälzung' bezeichnen". (12) Zugleich dreht sich die Erde um die eigene Achse, „führt also die Rotation, ‚Eigendrehung' benannte Bewegung aus" (12). Zwei weitere gegensätzliche und sich ergänzende Impulse sind die Schwerkraft, die zentripetale Kraft, die zur Mitte strebt, und die Fliehkraft, die zentrifugale Kraft, die die Mitte flieht.

Die Grundforderungen entsprechen den kosmischen Kräften. Makrokosmos und menschlicher Mikrokosmos werden hübsch parallelisiert. Die Grundforderungen drohen stets zu Überforderungen zu werden, die sich in vier Grundformen der Ängste zeigen:

1. Die Angst vor der Selbsthingabe, erlebt als Ich-Verlust und
    Abhängigkeit;
2. Die Angst vor der Selbstwerdung, als Isolierung und Ungebor-
    genheit erlebt;
3. Die Angst vor der Wandlung, erlebt als Vergänglichkeit und
    Unsicherheit;
4. Die Angst vor der Notwendigkeit, erlebt als Unfreiheit und
    Endgültigkeit.

——In einem nächsten Schritt ordnet Riemann diesen vier Grundformen der Angst Persönlichkeitsstrukturen zu. Personen, die dazu
neigen, Angst vor der Hingabe zu haben, werden leicht zu *schizoiden Persönlichkeiten*, die allen Nachdruck auf die Selbstbewahrung
legen. Schizoide Menschen kreisen (in Analogie zur Rotation der
Erde) gerne um sich selbst und vermeiden die Rotation um andere.
Unter den Schizoiden finden sich nach Riemann häufig Einzelgänger.
Der drohende Ich-Verlust kommt dem Tod gleich.

——Angst vor der Selbstwerdung führt häufig zu *depressiven Persönlichkeitsstrukturen*. Menschen dieses Typs vermeiden die Rotation
um sich und kreisen mit Vorliebe um andere Menschen, sind häufig
als Gruppenmenschen zu klassifizieren. Einsamkeit empfindet der
depressive Mensch als zutiefst beängstigend.

——Herrscht eine Angst vor der Wandlung vor, können leicht zwanghafte Strukturen entstehen. Der *zwanghafte Mensch* will Stabilität,
er versucht alle Kontingenz, Irrationalität und Vergänglichkeit aus
seinem Leben auszuscheiden.

——Aus der Angst vor der Notwendigkeit entsteht schließlich häufig eine hysterische Persönlichkeit. Für den *hysterischen* Menschen typisch ist die Sehnsucht nach Neuem und Unbekanntem. Regeln, Ordnungen, Festlegungen empfindet er in seinem Freiheitsdrang als Fesseln. Die Angst vor der Erstarrung überwiegt.

Nach Riemann sind alle anderen Ängste Ableitungen oder Mischformen dieser Grundängste. Unabhängig von Kultur und Zeitalter überdauern diese Ängste, allenfalls die Angstobjekte ändern sich. In ihrer reinen Form werden die inventarisierten Ängste nicht vorkommen, Riemann nennt idealtypische Muster, aber alle Menschen haben in unterschiedlichen Mischungen Anteil an den Grundängsten. Für die eigene Entwicklung, für den Prozess des Wachsens, sind die Grundängste wichtig und dürfen, so die Einsicht Riemanns, nicht nonchalant verdrängt werden. Nur im Umgang mit den Grundängsten lernt man die vitalen Kräfte des Lebens kennen.

Ziel der therapeutischen Arbeit ist es deshalb, eine Balance zwischen den vier Aspekten herzustellen. Seelisch gesund ist, wem die Balance zwischen schizoiden, depressiven, zwanghaften und hysterischen Anteilen gelingt. Störungen liegen vor, wenn ein Aspekt ein Übergewicht erlangt und die Balance ruiniert.

Auch deshalb dürfte das Buch von Riemann so viele begeisterte Leser und Leserinnen gefunden haben: die Angsttypologien spielen auch in der Partnerwahl eine wichtige Rolle. Den polaren Gegensatzpaaren entsprechend ziehen sich Schizoide und Depressive und Zwanghafte und Hysteriker instinktiv an. Aber auch hier gilt: Glücklich ist die Konstellation nur, wenn beide das bewunderte und vermisste Element am anderen Menschen schonen. Dann etwa kann der schizoide Mensch sich beim depressiven Gegenüber aufgehoben fühlen und der depressive Mensch kann miterleben, was er sich nie zu leben getraut hätte. Gelingt die Balance nicht, dann fühlt sich der Depressive vernachlässigt und der Schizoide eingezwängt oder belästigt. Vergleichbar verhält es sich in dem anderen polaren Paar: Der Hysteriker findet im Idealfall beim Zwanghaften die nötige Ruhe, der Zwanghafte nimmt teil an der Buntheit des Lebens. Gelingt die Balance nicht, wird der Hysteriker immer sprunghafter und der Zwanghafte unflexibel.

—— Wie eingangs zitiert, nennt Riemann Gegenkräfte, die die „Fehlhaltung" (242) ausgleichen: „Mut, Vertrauen, Erkenntnis, Macht, Hoffnung, Demut, Glaube und Liebe". Glaube, Hoffnung, Liebe, diese bekannte neutestamentliche Trias aus 1. Korinther 13,13, wird ergänzt durch andere religiös imprägnierte Begriffe: Demut, Vertrauen (Übersetzung von Glaube), Macht, Erkenntnis und Mut. In einer anderen Schrift, *Die Fähigkeit zu lieben* (Fritz Riemann: Die Fähigkeit zu lieben, 8. Auflage 2008), hat Riemann versucht zu zeigen, wie diese positiven Kräfte im Lauf der Entwicklung ausgebildet werden. Bestimmte Ängste müssen alle Menschen durchmachen, zunächst die *Existenzangst*, die nach der Geburt einsetzt: „Nie wieder in unserem Leben sind wir aber so total abhängig und hilflos der Umwelt ausgesetzt wie in den ersten Lebenswochen. (...) Es hängt nun entscheidend von unserer frühen Umwelt ab, ob wir gegen diese Existenzangst im allmählich sich entwickelnden Vertrauen die erste Gegenkraft finden können. Daher müssen wir die Verlässlichkeit, die Stabilität und die regelmäßige Wiederkehr von Menschen und Dingen erleben, durch die sie uns langsam vertraut werden. (...) Erst durch die Geborgenheit gebende verlässliche Nähe der Eltern wird es uns ermöglicht, unsere Angst aufzulösen und uns in der Welt heimisch zu fühlen." (124) Häufiger Ortswechsel oder frühkindliche Einsamkeit können ein Misstrauen ausbilden, das oft „zur Grundgestimmtheit seines ganzen Lebens gehört. (...) Der in seinem Verhältnis zur mitmenschlichen Umwelt frühest Gestörte, der schizoide Mensch, müsste also Vertrauen lernen, müsste es wagen, aus der Kälte seiner Einsamkeit in die wärmende Nähe mitmenschlicher Kontakte zu kommen." (125 f.)

—— In dieser anfänglichen Existenzangst nach Riemann findet man vielleicht auch einen Nachhall Freud'scher Theorie, war es doch Freud, der den Affekt Angst als Folge des traumatisch erlebten Geburtsvorgangs beschrieb (vgl. auch Otto Rank: Das Trauma der Geburt und seine Bedeutung in der Psychoanalyse, 1924; Erich Fromm: Die Furcht vor der Freiheit, München 1993). Später hat Freud genetische Erklärungen für die Angst angeboten: Tritt eine Gefahrensituation ähnlich derjenigen der Geburt ein, kommt es zu reflexartigen Angstreaktionen. Im Laufe der Entwicklung erlangt das Ich eine gewisse Souveränität über den Reiz-Reaktions-Prozess und deutet ihn als Warnung vor der Gefahr. (Sigmund Freud: Hysterie und Angst, 2000, 25–49; 227–308)

—— Riemann verfolgt in seinem Buch *Die Fähigkeit zu lieben* anschließend die wichtigen Schritte der Entwicklung des Menschen, zeigt die jeweilige Gefährdung und die Kräfte, die gegensteuern. Dabei zeigt sich auch, wie selbstverständlich sich Riemann noch in der christlichen Tradition bewegt, wenn er die Grundakte von Glaube, Hoffnung und Liebe einführt.

––Auf den ersten Blick gibt es eine enge Verwandtschaft zwischen den vier Formen der Verzweiflung bei Kierkegaard und Riemanns *Grundformen der Angst*. Der Phantast und der Hysteriker, der Bornierte und der Zwanghafte, der schwermütige Träumer und der Depressive, der Spießer und der Schizoide sind in mehr als in einer Hinsicht aufeinander bezogen. Ob Riemann den dänischen Autor Kierkegaard gekannt hat, ist dabei unerheblich. Wichtig erscheint mir dagegen die Frage nach der Begründungsleistung des Angstkonzeptes.

––Kierkegaard entnimmt die zwei polaren Gegensatzpaare der internen Phänomenbeschreibung, Riemann gibt einen kosmologisch-menschlichen Kräfteparallelismus an. Andere Tiefenpsychologen wie Wolfgang Schmidbauer haben an dieser Stelle lautstark protestiert: „Folgerichtig spielt in dem Angstmodell Riemanns die Physik jene Rolle, welche die Biographie nicht spielen darf. Die Verdrängung der Geschichte wird ergänzt durch eine Verdrängung der Kultur; der Autor schaut sozusagen den Mächten der Himmelskörper in ihrem Wirken über die Schulter und behauptet zu erkennen, dass es menschliche Aufgabe sei, sich diesen zu unterwerfen. Er übersetzt die Grundkräfte, die das Sonnensystem beherrschen, ins Psychologische. (...) Wann eine Person ‚depressiv‘, ‚schizoid‘, ‚zwanghaft‘ oder ‚hysterisch‘ reagiert, hängt von den Umständen ab, von den Reaktionen der Umwelt, von dem Verhalten der Bezugspersonen, von der gesellschaftlichen Situation." (Wolfgang Schmidbauer: Lebensgefühl Angst, 2005, 168 f.)

———Schmidbauers Kritik trifft nicht ganz, weil Riemann in anderen Veröffentlichungen gleichermaßen idealtypisch und fallspezifisch die gesellschaftlichen Kontexte und die Biografien ausgeleuchtet hat. Zunächst irritierend ist der Ansatz, „formale Strukturen" zu konstruieren und „diese dann individuellen Persönlichkeiten" (Schmidbauer, 170) zuzuordnen, aber durchaus. Diese Irritation wird sogar noch verstärkt, wenn sich Riemann in einem späten Buch vorsichtig der Astrologie nähert. (Fritz Riemann: Lebenshilfe Astrologie, 2005) Nun hat es in der Theologie- und Geistesgeschichte immer wieder Versuche gegeben, Makrokosmos und Mikrokosmos in eine Beziehung zu setzen. Das macht auch verständlich, dass Riemann als Gegenkräfte Prädikate benennt, die man aus religiösen Kontexten kennt. Riemann hat an den kosmischen Strukturen ein verbindliches Maß, Kierkegaard glaubt sie am irdischen Jesus ablesen zu können.

———Die bis ins Persönliche zielende Abwehrreaktion Schmidbauers, ein offenbar beliebtes Riemann-Bashing, spiegelt nicht nur den Machtkampf unterschiedlicher Schulen, sondern immer auch die Sehnsucht nach wissenschaftlicher Seriosität. Mit der gleichen Aggressivität begegnet Schmidbauer „naturwissenschaftlichen" Angsttherapeuten wie dem an der Verhaltensforschung sich orientierenden Borwin Bandelow (Borwin Bandelow: Das Angstbuch, 2008), weil Schmidbauer die existenzielle Dimension von Ängsten ernst nehmen, nebenbei die Psychoanalyse retten und zugleich seine eigene therapeutische Arbeit als Wissenschaft verstanden wissen will. „Bandelow und Riemann verbindet die Tendenz, Spannungen zwischen dem Menschen und der Gesellschaft zu ignorieren. Beide beschwören die Naturwissenschaft, ohne sich wirklich an deren Regeln zu halten. Riemann wählt physikalisch-astronomische Bilder, Bandelow solche aus der Verhaltensforschung. Keiner von ihnen wirft einen Blick auf die Gesellschaft und die Geschichte. Angst ist ein Problem Einzelner, sie hat nichts mit Austausch und mit Institutionen zu tun." (Schmidbauer, 2005, 175)

—— Diese Gefechte hat die Theologie in gewisser Weise hinter sich. Eine Wissenschaft im strikten naturwissenschaftlichen Sinne bieten wir nicht. Theologie ist eine Wahrnehmungsschule, sie lehrt Sehen und Entängstigung durch Texte. Gute Texte.

*

—— Nach der Lektüre schaut Barbara mich mit großen Augen an: „Jetzt, wo ich diese Geschichte mit der blutflüssigen Frau gelesen habe, fällt mir spontan eine Szene im Fernsehen ein. Du erinnerst dich doch? Die englische Queen darf laut Protokoll nur beim Händeschütteln berührt werden. Entweder aus Unwissenheit oder aus einer spontanen Sympathie heraus hat Michelle Obama der Queen zu einem späteren Zeitpunkt den Arm um die Taille gelegt. Und die Queen hat gelächelt und sogar die Geste beantwortet."

—— „Wahrscheinlich hat der eigene Gatte die Queen seit ewigen Zeiten nicht berührt."

—— Barbara verdreht die Augen. „Ernsthaft. Ich fand das wahnsinnig anrührend. Du fandst die Szene also nicht anrührend?"

—— „Okay. Okay. Jetzt ja. Aus Betriebsblindheit habe ich sie gar nicht richtig eingeordnet."

—— Barbara wiegt leicht den Kopf. „Betriebsblindheit trifft auch auf mich zu. Ich gestehe: Die Nähe von Riemann zur Astrologie ist mir irgendwie entgangen. Und die Parallelaktion von physikalischen und anthropologischen Kräften hatte ich so auch nicht gespeichert. Beide sind, wenn ich dich recht verstanden habe, Balance-Theoretiker, allerdings mit dem Unterschied, dass Riemann glaubt, die Balance auch in der alltäglichen Lebenswelt hinzubekommen. Oder?"

—— Barbara hat den Kopf schief gelegt.

—— Ich nicke, hebe leicht die Schultern.

—— „Wenigstens hast du dir das Riemann-Bashing verkniffen. Sehr gut. Welcher Typ bist du eigentlich?"

—— Ich habe die Frage erwartet.

—— „Wie du schon immer vermutet hast: eine gefährliche Mischung aus borniert und spießig."

—— „Irgendwas muss in deiner Sozialisation also schiefgelaufen sein. Leg dich doch mal auf die Couch, bitte, und erzähl ausführlich von Mama und Papa. Und von deinen Lehrern."

KONTINGENZ, IRONIE UND SOLIDARITÄT

IN DER UNIVERSITÄT

102

Ich habe es gespürt, wenn ich in die samtbraunen Augen meiner Mutter schaute, wenn ihr einer meiner Romane oder eines meiner Sachbücher nicht gefallen hatte. Meinen ersten Roman, harte Kost, übertrug sie von der Handschrift in eine Maschinenschriftform, ohne ihn zu kommentieren. Aber sie strömte auch in ihrer Reserve stets eine unerschütterliche Zuversicht aus und ein tiefes Vertrauen. Verrisse ordnete sie mit dem Satz: Man schreibt nicht für jeden! gelassen ein. Dieses Urvertrauen hat mir geholfen, auch nach fraglos schwächeren Büchern lustvoll mit einem neuen Projekt zu starten.

——Universitätslehrer haben eine andere Funktion. Spannend sind starke und selbstbewusste Lehrer. Dieter Henrich in Heidelberg etwa. Dieter Henrich trug in den Seminaren immer Halstücher, kunstvoll drapiert, als würde er sich niemals bewegen, dazu perfekt geputzte Schuhe, einen Siegelring an manikürten Händen. Er wirkte wie ein Familienmitglied derer von Bohlen und Halbach, das einer ermüdenden Aufsichtsratssitzung soeben entschwebt war und jetzt seiner Leidenschaft für die Philosophie des Deutschen Idealismus eines Hegel und Schelling frönte. Mit einer Lupe studierte er die mit feinem Strich gemachten Anmerkungen am Rande der Zeilen, las sie dann laut vor und kommentierte sie. Es waren seine eigenen Anmerkungen, die er als junger Student notiert hatte und denen er jetzt, von seiner eigenen frühen Genialität sichtbar ergriffen, seinen Segen gab. Einer seiner älteren Schüler, der selbstredend auch ein sehr smartes Halstuch trug, kommentierte die Kommentare des älteren Henrich zu dessen eigenen frühen Kommentaren zu den Stuttgarter Privatvorlesungen Schellings. Das war die faszinierende Heidelberger Idealismus-Scholastik der frühen achtziger Jahre.

——Öfter brachte Dieter Henrich Kollegen mit, die er während seiner Forschungsaufenthalte in den Vereinigten Staaten kennengelernt hatte und die nun ein Forschungssemester in Heidelberg verbrachten. Einer dieser Gäste war Richard Rorty, ein kräftiger, großer Mann, dessen Tweedsakko am Bauch etwas spannte und dessen Schuhe mit Kreppsohlen herrlich quietschten. Und er lachte viel. Ich habe nie wieder einen Philosophen erlebt, der so viel Witz und Humor besaß. Rorty nutzte sein Forschungssemester, um seine Lesart Heideggers zu testen. Er schrieb einen längeren Artikel mit dem Titel: *Heidegger on Pragmatism*. Nach einem Semester hatte er eine ganze Reihe von Fans. Zu dieser Zeit hatte sich Rorty bereits aus Princeton zurückgezogen und lehrte an einer kleinen Provinzuniversität in Virginia, um in Ruhe forschen zu können. 1989 erschien gleichzeitig in Amerika und Deutschland sein Hauptwerk *Kontingenz, Ironie und Solidarität*. (Frankfurt am Main 1989) Es ist mein philosophisches Lieblingsbuch geworden – gekrönt von einem Kamm gelber Post-it-Zettel.

——Angst versteckt sich bei Rorty in einer überraschenden Brechung unter dem Stichwort Kontingenz oder Zufälligkeit. Wahrheit, so Rortys ursprüngliche Einsicht, wird in der Moderne nicht vorgefunden, sondern gemacht – eine Idee, die Hörisch in seiner Theorie-Apotheke wunderbar ironisiert (siehe Einleitung). Rortys liberal genannte Utopie sucht eine postmetaphysische und postreligiöse Kultur (15). Gemeinschaftliche Werte ruhen in der Moderne nach Rorty auf einer sehr instabilen kontingenten Konsensbasis. Anders gewendet: In demokratischen Gesellschaften sind Normen das Ergebnis gesellschaftlicher Auseinandersetzungen und nur so lange stabil, wie sie als zweckmäßig erfahren werden. Perspektivisten der Wahrheit sind deshalb für Rorty die eigentlichen Helden des Diskurses. Und dazu zählen die Schriftsteller, die mit ungleich größerer Genauigkeit und gesteigerter Sensibilität als die Philosophen beschreiben und neu beschreiben, wie wir sind. Die philosophische Anthropologie und philosophische Ethik tendiert deshalb immer schon zur Erzählung. Philosophie oder Ethik geht in Literatur über. Nicht zufällig also widmet Rorty den Autoren Nabokov, Orwell und Proust ausführliche kongeniale Studien. Proust etwa „beherrschte die Kontingenz, indem er sie erkannte, und befreite sich so von der Angst, die Kontingenzen, denen er begegnet war, könnten mehr als nur Kontingenzen gewesen sein". (173)

—— Proust steht damit in einer Reihe mit Autoren wie Freud, Nietzsche oder Blumenberg, die zu folgender Geschichte der Ernüchterung gehören: Vor langer Zeit, so Rorty, hatten wir „das Bedürfnis, etwas zu verehren, das jenseits der sichtbaren Welt lag. Seit dem siebzehnten Jahrhundert versuchten wir, anstelle der Liebe zu Gott die Liebe zur Wahrheit zu setzen, und behandelten die Welt, die die Naturwissenschaften beschrieben, wie eine Gottheit. Seit dem Ende des achtzehnten Jahrhunderts versuchten wir, anstelle der Liebe zur wissenschaftlichen Wahrheit die Liebe zu uns selbst zu setzen, eine Verehrung unserer tiefinneren geistigen oder poetischen Natur, die wir als eine neue Quasi-Gottheit behandelten. (... Wir sollten) versuchen, an den Punkt zu kommen, wo wir nichts mehr verehren, nichts mehr wie eine Quasi-Gottheit behandeln, wo wir alles, unsere Sprache, unser Bewusstsein, unsere Gemeinschaft, als Produkte von Zeit und Zufall behandeln. Diesen Punkt zu erreichen, würde, in Freuds Worten, heißen, ‚den Zufall für würdig halten, über unser Schicksal zu entscheiden'.“ (50 f.)

—Zu den spannendsten Partien des Buches gehört Rortys Auseinandersetzung mit Heidegger, weil er hellsichtiger als andere deutlich machen kann, was den frühen Heidegger vom späten Heidegger unterscheidet und verbindet. Ihm gelingt, was vor ihm im Heidegger-Gestammel unterging, jene berühmte Kehre Heideggers nach *Sein und Zeit* plausibel zu machen. Es geht, natürlich, um die Angst. Heideggers Angst war, so Rortys Pointe, die Angst des Philosophen, es könne ihm vielleicht nicht gelingen, sich selbst zu erschaffen. Wenn Heidegger in *Sein und Zeit* in einem tiefen ontologischen Sinn von Schuld spricht, dann ist damit die Tatsache gemeint, dass der Mensch sich nicht selbst geschaffen hat. „Für den frühen wie den späten Heidegger bestimmt sich, was man ist, aus der Handlungsweise und besonders der Sprache, dem abschließenden Vokabular, das man benutzt. Denn dieses Vokabular setzt fest, was man als mögliches Vorhaben ansehen kann. Wenn man also sagt, dass Dasein schuldig ist, sagt man damit, es spricht die Sprache eines anderen und lebt darum in einer Welt, die es nicht geschaffen hat – einer Welt, die, genau aus diesem Grunde, nicht sein Heim ist. Es ist schuldig, weil sein abschließendes Vokabular nur etwas ist, wohinein es geworfen wurde – die Sprache, die zufällig von den Menschen gesprochen wurde, unter denen es aufwuchs. Die meisten Menschen fühlen sich nicht schuldig deswegen, aber Menschen mit den besonderen Gaben und Ambitionen, die Hegel, Proust und Heidegger hatten, haben Schuldgefühle. Die einfachste Antwort auf die Frage: ‚Was meint Heidegger mit Dasein?‘ lautet also: ‚Menschen wie sich selbst meint er‘ – Menschen, die den Gedanken nicht ertragen, dass sie sich nicht selbst geschaffen haben. (...) (S)olche Menschen sind ein ‚eigentliches Dasein‘ – ein Dasein, das weiß, es ist Dasein, es ist nur kontingent dort, wo es ist, in der Sprache, in der es spricht.“ (183) Nicht ohne Ironie ergänzt Rorty: „Heidegger war schließlich nicht der erste Philosoph, der seine eigene, idiosynkratische geistige Situation für die Quintessenz dessen hielt, was es bedeutet, ein Mensch zu sein.“ (184)

⸺Schuld, so darf man ergänzen, zehrt trotz aller Umdeutungen, die Heidegger diesem Begriff zuwachsen lässt, noch von der religiösen Sprache, in die Heidegger als ehemaliger Theologiestudent hineinwuchs. Sprache erschließt einem die Welt, eröffnet und verschließt Spielräume des Verhaltens. Es ist also nicht so, dass die Passivität des Menschen nur den verschatteten Ursprung seiner Geburt bezeichnet, auch der Spielraum seiner Welt wird durch die vorgefundene Sprache horizontalisiert. Erst wenn man ein Vokabular erarbeitet hat, das man in gewissen Grenzen selbst erschaffen hat, ist man künftig nicht mehr der Sklave der vorgefundenen Sprache.

⸺Nach *Sein und Zeit* gibt Heidegger in der Lesart Rortys in gewisser Weise das Projekt auf, seine eigene Person als das zu präsentieren, was andere Menschen in ihrem Inneren eigentlich sind (darin besteht die Kehre), und wendet sich Philosophen der Vergangenheit zu, jetzt „geplagt von der Sorge, dass ihre Vokabulare ihn zum Sklaven gemacht hätten, seine panische Angst, dass es ihm vielleicht nie gelingen werde, sich selbst zu erschaffen". (184)

——Vor und nach der Kehre hält sich nach Rorty bei Heidegger die Ambition durch, die „Kraft der elementarsten Worte, in denen sich das Dasein ausspricht" (Sein und Zeit, zitiert bei Rorty 188) vor dem Verfall zu bewahren. Aber dieses Verfahren wird von einer tiefen Melancholie begleitet, weil der Mensch offenbar einerseits ohne den Gedanken an ein abschließendes Vokabular nicht leben kann, andererseits immer wieder erfährt, dass kein Vokabular seine Instabilität oder Angst definitiv überwindet. Heidegger sucht verzweifelt Worte, die „keine Verbindung mit einer höheren Macht" behaupten, die „weder Machtinstrumente oder Mittel zum Zweck noch Versuche sind, aus der Verantwortung des Daseins für die Selbsterschaffung zu entkommen". (190)

——Der späte Heidegger, oft wie in einer Litanei stammelnd, erspürt eine Kraft in Wörtern, die möglichst große Spielräume erschließen, so wie Gedichte überraschend neue Sichtweisen und Spielräume erschließen. Spielräume sind als Erfahrung von Freiheit immer auch eine Erfahrung von Entängstigung. Nicht zufällig hat der späte Heidegger die Theorie poetisiert und eigene Gedichte (offenbar hat er viele geschrieben) veröffentlicht. Dieser Weg, elementare Worte zu finden und zu erfinden, ist, so Rorty in einer ironischen Wendung, eine private Lösung. Eine „Liste elementarer Worte (...) gibt es nicht.

Das Elementare der Worte (...) ist eine private, idiosynkratische An-gelegenheit." (198)

—— Liest man Heidegger mit den Augen Rortys, dann hat Heidegger die instabile Geworfenheit in eine Sprache oder ein Vokabular, seine Angst, Sklave dieser Sprache zu sein, durch die Suche nach ele-mentaren Worten, die ihm einen eigenen, freien Spielraum erschlie-ßen, zu stabilisieren versucht. Das ist sein Programm der Selbster-schaffung. Wenn ich Rorty richtig verstehe, wird dieses Projekt noch von der Idee gesteuert, es gebe letztlich doch ein abschließendes Vokabular. Heidegger vermeidet zwar den Kierkegaard'schen Sprung in den Glauben, bleibt aber ein Denker, der die Angst angesichts der Kontingenz nicht aushält. „Der Mythos einer verlorenen Sprache, von ‚elementaren Worten', deren Kraft wiederhergestellt werden müsse, ist wieder nur ein Versuch, daran zu glauben, dass eine Macht, die nicht wir selbst sind, einigen Worten ein Vorrecht vor anderen gegeben hat, dass einige abschließende Vokabulare einem Überhis-torischen und Nichtkontingenten näher sind als andere." (203) Hei-degger ist eben kein liberaler Ironiker im Sinne Rortys, der die Kontingenz unseres Geworfenseins in Sprache aushält. Damit ist nicht gesagt, liberale Ironiker könnten keine Haltung einnehmen (Rorty nimmt oft eine sehr entschiedene Haltung ein), aber sie wissen um die Kontingenz ihrer Haltung. „‚Ironikerin' nenne ich eine Person, die der Tatsache ins Gesicht sieht, dass ihre zentralen Über-zeugungen und Bedürfnisse kontingent sind – nenne ich jemanden, der so nominalistisch und historistisch ist, dass er die Vorstellung aufgegeben hat, jene zentralen Überzeugungen und Bedürfnisse bezögen sich zurück auf eine Instanz jenseits des raumzeitlichen Bereichs." (14)

— Gibt es im Denken Rortys dann aber überhaupt noch ein ethisches Fundament? Nach Rorty gilt es, Grausamkeiten und Schmerzen zu vermeiden, weil der Schmerz die Sprache unmöglich macht und damit auch eine Verständigung untereinander. Solidarität verdankt sich der Einsicht, dass eine drohende Verletzbarkeit durch Demütigungen allen gemeinsam ist und das soziale Band zu zerreißen droht. Romane sind oft besser als philosophische Essays geeignet, für Verletzungen in den aktuellen Lebenswelten zu sensibilisieren. „Der neugierige, sensible Künstler wird zum Paradigma des moralischen Verhaltens, weil er der einzige ist, der alles merkt." (258) Literaturkritiker haben nach Rorty ihr funktionales Recht: „Ironikerinnen und Ironiker lesen Literaturkritiker und nehmen sie als Ratgeber in moralischen Fragen, einfach, weil solche Kritiker ein außergewöhnlich hohes Maß an Kenntnissen haben. Sie sind Ratgeber in moralischen Fragen, nicht, weil sie einen besonderen Zugang zur moralischen Wahrheit haben, sondern weil sie viel herumgekommen sind. Sie haben mehr Bücher gelesen und lassen sich deshalb weniger leicht vom Vokabular eines einzigen Buches einfangen." (139) Bei Nabokov lernt Rorty: „Nur das hat ästhetischen Nutzen, was unsere Sensibilität für alles, was wir mit uns selbst oder für andere tun sollen, schärfen kann." (272)

— Es überrascht bei der Lektüre immer wieder, wie klaglos Rorty Ethik in Literatur aufgehen lässt und die Philosophie zu einer Hilfskunst umwidmet.

— Angstfrei im Sinne Rortys ist, wer die Kontingenzen als Kontingenzen akzeptiert und dem eigenen Wunsch, „freundlich zu sein" (156) durch eine Wahrnehmungsschulung durch Literatur entspricht. In diesem Wunsch überwintert auch der von der Psychoanalyse her mitgeteilte Auftrag, sich am Konkreten und nicht am Allgemeinen (76) zu orientieren. Damit rückt die Literatur in der Gunst noch weiter auf und kann vielleicht sogar die Psychoanalyse ersetzen.

⸺ Jüngste Arbeiten von Peter Sloterdijk lassen sich leichtgängig den Theoriemodellen der Selbsterschaffung von Rorty zuordnen. Bei Sloterdijk heißen sie Anthropotechniken. Aus Rilkes Sonett *Archaischer Torso Apollos* leiht sich Sloterdijk den Titel seines Buches: *Du mußt dein Leben ändern.* (Frankfurt am Main 2009) Das Buch will nichts weniger als eine Überbietung Nietzsches leisten, will die Metaphysik endgültig (schon wieder!) abschaffen und die Werte umwerten, weil sich die Religion, an der sich der Pfarrerssohn Nietzsche gleichermaßen ergeben und schlecht gelaunt abarbeiten musste, einem Missverständnis verdankt: Religion, so heißt es knapp bereits in der Einleitung, gibt es nicht. Menschen sind Übungswesen, die versuchen müssen, sich materiell, symbolisch und rituell zu perfektionieren, um sich immun gegen Angriffe von außen zu machen. Sloterdijk spricht von einer immunitären Verfassung des Menschen. „Immunsysteme stellen Verkörperungen von Verletzungserwartungen dar." (Peter Sloterdijk: Gottes Eifer, 2007, 25) „Mit Nietzsche verbindet sich das wenig verstandene logische Hauptereignis des 19. und 20. Jahrhunderts: die Transformation der Metaphysik in Allgemeine Immunologie – ein Ereignis, an dessen Nachvollzug die moderne Philosophie ebenso wie die Theologie und die konventionelle Soziologie bis heute gescheitert sind. Durch die Offenlegung von Immunität als System und Prinzip wird der Mensch sich selbst neu erklärt. Er expliziert sich als ein Wesen, das sich im Ungeheuren – Heidegger sagt: In-der-Welt – sichern muss, selbst um den Preis monströser Bündnisse." (521 f.) Religion ist das Missverständnis dieser Selbsterschaffungsübungen.

——Um sich vor dem Ungeheuren, das den Menschen ängstigt, zu schützen, muss er historisch auch monströse Bündnisse mit der Religion eingehen. Individuelle Schutzgewebe legt sich der Mensch durch Praktiken zu. Hier nimmt Sloterdijk Ideen des späten Foucault auf, der in letzten Schriften sich wieder auf das Individuum besann und für Techniken einer lebenskünstlerischen Selbstsorge plädierte – um sie natürlich zu überbieten. Als Trainer empfiehlt Sloterdijk, der viele Werkzeuge zur Ummantelung als Schutz vor dem Ungeheuerlichen, das ängstigt, durchtestet: die Askese (52 f., 657 ff.).

——Der Vorschlag „Askese" ist in Zeiten der Wirtschafts- und Umweltkrise gut gewählt. Gegen alle Bequemlichkeit des Weiter-so im kapitalistischen System, in dem Training nur dem reibungslosen Ablauf dient, geht es hier um die Entwicklung eines askesegeschulten Übermenschen, der sich auch dem Ungeheuerlichen des Kapitalismus gegenüber geschützt weiß. Allerdings: „An dem Wort Übermensch besitzt das Christentum unabstreitbare Urheberrechte, aus denen selbst bei antichristlichen Umwendungen Tantiemen fällig werden." (204)

——Geschenkt.

——Obwohl das Buch von Sloterdijk an die 750 Seiten bietet, ist es erstaunlich atemlos, produziert einen spätkapitalistischen Metaphernüberschuss, entwickelt eine Blase, die jeden Augenblick zu platzen droht. Es ist Nietzsche-Sound, aber mit sympathisch wackligen Riffs. Aus dem wilden Kerl, der Sloterdijk mal war, ist ein Übungsleiter geworden, der geistreiche Streberliteratur mit Sendungsbewusstsein schreibt. Auch hier böte Askese ein notwendiges Korrektiv. Ein Trainer muss in seinen Anweisungen klar sein. Ich fürchte, die Übenden verstehen ihn nicht. Sloterdijk ist ein Trappatoni der philosophischen Trainergilde.

—Ach! Die Philosophie ist auch nicht mehr das, was sie mal war.

*

—Barbara liest noch, als sie fragt: „Sloterdijk. Hat der holländische Vorfahren? Der Name klingt so."

—„Vielleicht. Aber ich muss doch nicht jeden lieben, der einen holländisch klingenden Namen führt." Der ironische Unterton gelingt mir leider nicht ganz.

—Sie schaut hoch: „Stimmt. Aber Askese hört sich nach Calvinismus an. Das ‚Werkzeug' müsste dir als Post-Calvinisten doch eine wehmütige Sympathie entlocken."

—Mir fällt leider nur eine Streberantwort ein: „Vom Fleiß her ist Sloterdijk in der Tat ein Vorzeige-Calvinist. Vielleicht sollte ich ihn doch in mein Herz schließen."

—„Du streichst die Zeilen über Sloterdijk, bitte. Und jetzt darfst du mit großem Sendungsbewusstsein etwas über das Christentum schreiben. Man kann durchaus über etwas schreiben, das es nach Sloterdijks Meinung gar nicht gibt. Oder ist das Christentum etwa keine Religion?"

—Ich versuche, flach zu atmen.

113

KITSCH UND TRAGÖDIE

IN DER KIRCHE

Ich gehe gerne samstags zur Kirche. Kurz vor der *Sportschau*. Die Stiftskirche St. Arnual, im vierzehnten Jahrhundert erbaut, liegt nur hundert Meter Kopfsteinpflaster vom Haus entfernt. Manchmal kommen Spaziergänger vorbei, um die echten Grabmäler der Grafen von Saarbrücken, darunter Elisabeth von Lothringen, mit den Fotos in den Reiseführern zu vergleichen. Dann ziehen sie glücklich weiter.

___Für einen Calvinisten bietet dieser mächtige und doch eingehegte Raum eine noch immer brausende Erfahrung: ein frühmittelalterliches Taufbecken, unglaublich farbkräftige Kirchenfenster des ungarischen Künstlers György Lehoczky, die den Blick wie von selbst nach oben lenken, auf dem Altar ein mächtiges Kruzifix. Wenn ich Glück habe, probt der Kantor an der großen Kuhn-Orgel, die mit 3013 Pfeifen und 44 Registern ein Traum meines Vaters gewesen wäre.

___Ich habe mir vergangene Woche leise eine kurze Passage aus Pascal Merciers (Peter Bieris) Bestseller *Nachtzug nach Lissabon* vorgelesen: „Ich möchte nicht in einer Welt ohne Kathedralen leben. Ich brauche ihre Schönheit und Erhabenheit. Ich brauche sie gegen die Gewöhnlichkeit der Welt. Ich will zu leuchtenden Kirchenfenstern hinaufsehen und mich blenden lassen von den unirdischen Farben. Ich brauche ihren Glanz. Ich brauche ihn gegen die schmutzige Einheitsfarbe der Uniformen. Ich will mich einhüllen lassen von der herben Kühle der Kirchen. Ich brauche ihr gebieterisches Schweigen.

Ich brauche es gegen das geistlose Gebrüll des Kasernenhofs und das geistreiche Geschwätz der Mitläufer. Ich will den rauschenden Klang der Orgel hören, diese Überschwemmung von überirdischen Tönen. Ich brauche sie gegen die schrille Lächerlichkeit der Marschmusik. Ich liebe betende Menschen. Ich brauche ihren Anblick. Ich brauche ihn gegen das tückische Gift des Oberflächlichen und Gedankenlosen. Ich will die mächtigen Worte der Bibel lesen. Ich brauche die unwirkliche Kraft ihrer Poesie. Ich brauche sie gegen die Verwahrlosung der Sprache und Diktatur der Parolen. Eine Welt ohne diese Dinge wäre eine Welt, in der ich nicht leben möchte." (Pascal Mercier, Nachtzug nach Lissabon, 2006, 198)

— Mein ganz privater Gottesdienst.

— Dort, auf einem der hintersten Stühle, hänge ich dann für Minuten meinen Gedanken nach. Wie gesagt: Rorty ist neben Kierkegaard und Heidegger mein philosophischer Lieblingsautor, mit dem ich ununterbrochen stumm kommuniziere. Es gab Semester, in denen ich mit der Theologie meine liebe Not hatte, weil mir das, was ich bei Rorty gelesen hatte, so urban und sympathisch erschien – auf jeden Fall entschieden attraktiver als die provinziellen Ergüsse der Theologen. Unumwunden zustimmen kann ich, wenn Rorty implizit behauptet, auch theologische Vokabulare seien letztlich kontingent und fielen nicht vom Himmel. Damit ist nicht ausgeschlossen, dass religiöse Vokabulare auf übermächtige und ängstigende oder beglückende Erfahrungen Bezug nehmen, die Menschen gemacht haben. Religiöse Vokabulare, von Dichtern, Priestern, Propheten, Evangelisten, Aposteln verfasst, sind Formgebungen oder Einzäunungen dieser

Erfahrungen, die stellvertretend für andere Spielräume erschließen. Und fraglos können diese Vokabulare wie andere Vokabulare oder Metaphern an Kraft einbüßen. Ob es nicht dennoch religiöse Vokabulare gibt, die radikale Freiheitsspielräume erschließen und damit Angst nehmen, ist durchaus noch nicht entschieden. Ich werde noch einen Versuch wagen, diese These zu stützen. Zumindest in einer Hinsicht bleibt Rorty erstaunlich unsensibel. Auch Literatur fällt nicht vom Himmel. Selbstredend bietet jede Literatur Neubeschreibungen an, aber doch immer im Gespräch mit großer Literatur. Dazu zählt zu einem sehr großen Anteil die biblische Literatur. Nicht zufällig entstammt die deutschsprachige (aber nicht nur die deutschsprachige) Literatur dem protestantischen Pfarrhaus (Heinz Schlaffer: Die kurze Geschichte der deutschen Literatur, 2002; vgl. Jochen Hörisch, Das Wissen der Literatur, 2007). Ein Pastor und ein Schriftsteller sind mehr als nur wahlverwandt.

—— Die literarischen Qualitäten der Bibel habe ich spät entdeckt. Es begann mit einer nur nebenbei fallengelassenen Bemerkung von Hermann Timm, dessen Assistent ich acht Jahre lang war. Hermann Timm: ein sehr schlanker, sehr groß gewachsener Mann, der nur bei Erkältungen Halstücher trägt; der während seines ganzen akademischen Lebens an der Universität in München nie eine Vorlesung wiederholte; ein spätromantischer Geist, der immer den Sprachenfrühling herbeisehnt; ein souveräner Leser, der faszinierende Bücher schreibt (Zwischenfälle, 1983; Von Angesicht zu Angesicht, 1992; Sage und Schreibe, 1995). Dieser Hermann Timm sagte einmal, als ich bereits die Hand am Türgriff seines Arbeitszimmers hatte: „Lesen

Sie die biblischen Texte als große Literatur. Dann wird Ihnen vieles wunderbar klar."

—— Auch zwanzig Jahre nach dieser Empfehlung hat dieser Ratschlag nichts von seiner Erschließungskraft verloren. Wenn wir Dogmatiker, wir nennen uns heute gerne etwas verniedlichend Systematiker, überhaupt etwas mit der Bibel anfangen konnten, dann mit dem Johannesevangelium, weil man in Johannes eine Art Vorläufer Hegels sah. Markus und Matthäus galten als tumb, Lukas als unerträglich seicht. Inzwischen ist die Arroganz verflogen. Lukas steht jetzt im Ruf, ein großer Stilist zu sein, der pointiert Sprachspiele einsetzt und mit viel Witz Leserinnen und Leser inspiriert.

—— Zwei Leseerfahrungen möchte ich herausstreichen. Die biblischen Gleichnisse (zum Teil auch die Wundererzählungen) inszenieren eine alltägliche *Wahrnehmungskritik* und eine Kritik der antiken Tragödie.

—— Um es zu pointieren: Das Gleichnis vom barmherzigen Samariter steht für einen *linguistic turn* in der Antike, weil es exemplarisch zeigt, wie Menschen durch Sprache (Regeln, Verbote) die Wirklichkeit wahrnehmen. Der Priester und der Levit nehmen mit der Lesebrille der Reinheitsregeln den Überfallenen wahr und gehen vorbei. Der Samariter schaut dagegen mit einer anderen Lesebrille in die Welt. Es ist die Lesebrille der Schöpfungserzählung, die alle Menschen als verwandt vorstellt. Wie selbstverständlich hilft deshalb der Samariter dem Überfallenen. Wie gesagt: Es sind Lesebrillen. Es gibt keine Wahrnehmung ohne Lesebrille. (Die Intuition, die Bibel als Lesebrille zu benutzen, stammt übrigens von dem Reformator

Johannes Calvin; vgl. Klaas Huizing: Johannes Calvin, 2009.) Auch die Wahrnehmung des Überfallenen als Bruder ist eine durch die aufgelesene Sprache der Schöpfungserzählung erschlossene Sicht der Welt. Streng genommen ist auch dieses Vokabular kontingent. Es ist das Vokabular, das sich dem Gründungsmythos der Schöpfungserzählung verdankt. Es gibt andere Mythen und andere Gründungserzählungen. Aber dieses Vokabular hat eine elementare Kraft, die Wahrnehmung zu schulen und für Grausamkeiten und Verletzungen zu sensibilisieren. Es zeigt an einem Kunstwerk, wie Solidarität sich einer religiösen Wahrnehmung verdankt. Mehr geht nicht.

—— Die Gleichnisse Jesu, vor allem die großen Beispielerzählungen des Lukas, sind als dramatische Kunstwerke in einem sehr pointierten Sinne *Tragödienkritik*. In den antiken Tragödien gehen die Geschichten (von wenigen Ausnahmen, etwa in der Orestie, abgesehen) bekanntlich nicht gut aus. Anders in den Gleichnissen. Sie zielen auf ein gutes Ende. Der Zuhörer/Leser soll, sofern er sich mit den Protagonisten identifiziert und die zentralen christlichen Gesten einübt, eine positive Verwandlung erleben.

—— Ein gutes Ende – das riecht förmlich nach Kitsch. In dieser Hinsicht ist die Kultur des Christentums in der Tat immer kitschnah. Der Schriftsteller Gottfried Benn, Theologensohn, hat nicht von ungefähr stets davor gewarnt, Gott (und er meinte vor allem den christlichen Gott) sei ein schlechtes Stilprinzip. Ich bin mir in dieser Frage nicht ganz so sicher. Vorschnelle Versöhnungen wirken in der Tat ärgerlich. Aber vielleicht verhält sich die Sache auch umgekehrt: Vielleicht gehört es zu den großen ästhetischen Herausforderungen, einen literarischen Text (Parabel, Novelle, Roman) zu einem guten Ende zu führen. Werke von Rang haben in der Tat zu einem verschwindend kleinen Teil einen positiven Schluss. Viele literarische Coverversionen des Gleichnisses vom barmherzigen Samariter (etwa bei Thomas C. Boyle in Grün ist die Hoffnung, 1993) kappten wohl nicht zufällig das versöhnliche Ende.

——Deutet man die Ästhetik der Gleichnisse Jesu (und er steht dabei selbstredend mit beiden Beinen in der Tradition der jüdischen Parabeln) als Kritik der Tragödie, dann ist die sich dahinter verbergende Idee bestechend: Das menschliche Leben wird von keiner blinden Macht wie in der antiken Tragödie regiert, sondern von einem persönlichen Gott, der sich aufopferungsvoll um jeden einzelnen Menschen kümmert. Jesu Gleichnis vom verlorenen Schaf (Matthäus 18, 12–14; Lukas 15,4–10) ist dafür ein markantes Beispiel.

——Angemessen lässt sich dieser Gott nur durch das Prädikat der Liebe bestimmen, die unendlich ist. Die Vorstellung einer unendlichen Liebe hat etwas Befreiendes. Sie nimmt die Angst. Eine der Spitzenformulierungen im Neuen Testament, das noch keinen Unterschied zwischen Furcht und Angst macht, behauptet deshalb: „Furcht ist nicht in der Liebe, sondern die vollkommene Liebe treibt die Furcht aus, denn die Furcht rechnet mit Strafe." (1 Johannes 4,18)

——Wie gesagt: Ich rede von der Idee des Christentums. Wirft man einen Blick in die Kirchengeschichte, dann verdunkelt sich diese Idee schnell. Nochmals: Die Kirche hat über viele Jahrhunderte hinweg eine schreckliche Angstpolitik betrieben. Angst vor dem Gericht.

Höllenspektakel. Ablasshandel. Heilsfeilschen. Das Leben nach dem Tod drohte für nahezu alle Menschen zur Tragödie zu werden. Aber: Von seiner Idee her kennt das Christentum nicht die Vorstellung einer horriblen Strafe. Als Liebesreligion kommt sie ohne Strafe (nicht immer ohne Zorn) aus. Nochmals: Der Idee nach vertritt das Christentum die Vorstellung einer Auferstehung aller Menschen. Nach menschlichem Gerechtigkeitsempfinden ein Skandal. Aber das Erbarmen transzendiert auch noch die Vorstellung irdischer Gerechtigkeit. Das ist ein Höchstmaß an Entängstigung, das die Religion, wahrscheinlich nur die Religion, zu bieten hat. Und diese Entängstigung kann erfahren, wer sich auf die ästhetische Kraft der Gleichnisse einlässt.

—— Selbstredend. Diese Gleichnisse haben viel Patina angesetzt. Und die Verletzungen und Grausamkeiten, die in der Gegenwart drohen, müssen mit großer Präzision beschrieben werden. (Ein Beispiel von vielen: Willy Vlautin: Northline. Roman, 2009.) Aber diese Geschichten beziehen sich auf die alten Geschichten, sind ein Gespräch mit der Tradition.

—— Kann man etwa die Geschichte der blutflüssigen Frau covern? Worauf muss man achten? Häufig haben heutige Verletzungen und Demütigungen, die Menschen erleiden, andere Ursachen als in biblischen Zeiten. Oft sind es Regeln, Standards und Ideale, die von anderen, Heidegger würde sagen: vom „Man" vorgegeben werden und die viele unhinterfragt auf sich anwenden.

—— Ein Versuch, die Geschichte neu zu erzählen.

DIE INVALIDIN DES APOLL.

⸺ Wissen Sie, was es heißt, müde zu sein?

⸺ Nein. Nein. Ich meine nicht eine süße Müdigkeit, die einer großen Anstrengung folgt, wenn man sich die schweißschweren Turnschuhe nach einem Tennisspiel abstreift oder wenn man den Hammer, den am Anfang des Tages so leichten Hammer, der sich nach der Mittagspause immer mehr in den Vordergrund spielt, endlich weglegt und die Reparatur am eigenen Ferienhaus, das durch die ängstlich gehorteten Erinnerungen zu bersten drohte, mit einer gesunden Armschwere begutachtet.

⸺ Nein. Ich meine eine andere Müdigkeit.

⸺ Ich weiß nicht, ob Sie das Gefühl kennen, in einem Sessel zu sitzen und nicht mehr die Kraft zu haben, sich hochzustemmen! Ich war Mitte vierzig. Eine Frau in den besten Jahren, wie die Werbung gerne sagt. Aber ich hatte die Kraft nicht. Ich spürte die Schwere meines Lieblingspullovers, glauben Sie mir, ein wunderbar leichter Pullover aus Merinowolle, der die Schwere aus allen Dingen seiner Umgebung aufsog und mich in den Sessel drückte. Ich spürte die Federn des Sessels, den ich früher immer mit meinem Hund teilte, begriff erst jetzt, dass dieser Sessel, den ich bei der Haushaltsauflösung nach dem Tode meiner Mutter vor vielen Jahren mitgenommen hatte, einen altmodischen Federkern besaß und der sich, sichtbar überrascht, gegen mein plötzliches Gewicht verteidigen musste. Ich versichere Ihnen, ich hatte keine sinnlosen sportlichen oder mentalen Selbstvergewisserungstorturen hinter mir, ich war müde. Nicht todmüde. Es ging, glauben Sie mir, darüber hinaus.

—— Ich traute mich nicht, die Augenlider zu schließen, weil ich fürchtete, die Wimpern würden durch die Wucht des Aufschlags sich wie ein Reißverschluss ineinander verkanten und nie wieder öffnen lassen. Ich spürte, wie meine Schultern, keine überaus zierlichen Schultern, aber auch keine Schultern einer Schwimmerin, in sich zusammensackten, als hätte jemand eine Schraubenmutter an meinem Skelett gelöst. Meine Hände. Ich habe auffallend kleine Hände, die auch dann noch in die mutterwarmen Hände eingepackt wurden, wenn ich, die Pubertät bereits streifend, verfroren vom Schlittschuhlaufen heimkam. Meine kleinen Hände lagen schwer wie Bleiplatten auf meinen Knien. Ich. Eingesargt von den eigenen Händen.

—— Warum ich so müde war, fragen Sie?

—— Ich fühlte mich verschlissen, aufgebraucht von so viel unerträglicher Schönheit vor meinen Augen. Ich war eine Invalidin des Apoll. Einen Apoll darf man anstaunen, heiraten darf man ihn nicht. Heiner. Er trägt in der Tat einen ganz banalen Namen. Aber bei seiner Zeugung müssen die Götter sehr ausgeschlafen gewesen sein. Ich habe um seine Liebe gekämpft. Mit einer Zähigkeit, mit der ich auch Texten zu Leibe rücke, die mir meine Verlagsleiterin mit ihrer austrainierten Stimme ankündigt. Außenlektorat. Allein das Wort lässt mich immer schaudern. Intellektuelles Banlieue. Prekariat, wenn Sie mir den Zynismus erlauben. Aber diese Zähigkeit, die bei den Texten meiner Autoren, die die künstlerische Freiheit stets fahrlässig missbrauchen, angebracht schien – ich fühle mich oft als Bewährungshelfer für den Konjunktiv II –, blieb bei ihm fruchtlos.

—— Er nahm seine Schönheit wie eine Selbstverständlichkeit hin, und ich tat bei meinen Freundinnen so, als wäre es eine Selbstverständlichkeit, dass er, der schöne Heiner, mich aus einem Pool von Bewerberinnen ausgewählt hatte. Aber die Angst, dieser Schönheit nicht gewachsen zu sein, verfolgte mich wie ein übergroßer Schatten, der meine kränkliche Blässe noch verstärkte.

——Sie meinen, ich übertreibe? Nein, ich übertreibe nicht, er ist ein leibhaftiger Apoll.

——Ich war verliebt in die Anmut, mit der er sich durch die Haare fuhr und seinen Kopf genau so weit zurückbeugte, dass die Geste nicht peinlich wirkte. Ich war verliebt in die Geste, mit der er morgens das Brot schnitt, er schien es zu liebkosen, bevor er das Messer ansetzte. Bereits morgens sehnte ich mich danach, abends von ihm so in den Arm genommen zu werden, gleichermaßen schützend und zupackend. Ich liebte es, ihm zuzuschauen, wenn er sich rasierte, wie er mit dem Pinsel sich einschäumte und eine Spur selbstverliebt die Augen schloss, wie er dann mit waagerechten und senkrechten Strichen den Schaum entfernte, als würde er ein Mondrian-Gemälde nachzeichnen. Und ich war verliebt in den einzigen kleinen Schönheitsfleck, der Schönheit erst spürbar macht: Sein linkes Ohrläppchen war im Unterschied zum rechten Ohrläppchen angewachsen, genetisch, wie ich mir habe sagen lassen, ein kleines Wunder. Alles andere an seinem Körper war von einer makellosen Perfektion. Ersparen Sie mir, die Einzelheiten aufzuzählen. Mich hätte nur retten können, wenn er, wie viele Beaus, ein Langweiler gewesen wäre. Aber er besaß eine intellektuelle Schnelligkeit, die einem den Atem nahm, und einen Esprit, der alles Schwere in Leichtigkeit verwandelte.

—— Was sagen Sie?

—— Nein. Nein. Dieses abgeschmackte Wort passt nicht auf unsere Liebe. Er suchte nicht nach Bestätigung durch billige Affären. Bereits Blicke, die er unweigerlich auf sich zog, waren ihm lästig. Er schaute, auch wenn ich ihn aus der Ferne beobachtete, Frauen höchstens drei Sekunden an. Politisch völlig korrekt. Er wäre auch in Amerika nie in die Gefahr geraten, wegen Belästigung belangt zu werden. Glauben Sie mir, ich weiß bis heute nicht, ob er jemals eine Affäre hatte. Aber ich glaubte seiner Schönheit nicht. Vielleicht bedeutet Liebe, dem anderen seine Schönheit zu gönnen. Ich gönnte sie ihm und ich gönnte sie ihm nicht. Ich fand es ungerecht, diese Schönheit für mich alleine haben zu wollen, und ich hatte Angst, sie zu teilen.

—— Ich habe ihm mit großer Konsequenz ganz hässliche Kleidungsstücke gekauft, alberne Schuhe, übergroße Pullover, aber wenn er sie anzog, verwandelten sich diese Kleidungsstücke sofort, nahmen einen Chic an, als wären sie von Armani entworfen und geschneidert worden. Ich riet ihm zu absurden Frisuren, die noch mehr Blicke auf ihn lenkten und schon bald auf anderen Köpfen als billige Kopien auftauchten. Ich versuchte, ihn zum Reiten zu überreden, weil ich heimlich hoffte, er würde vom Pferd fallen, sich ein Bein brechen und ich dürfte ihn drei Wochen im Rollstuhl umherfahren. Vielleicht auch länger.

—— Heiner reitet noch heute. Er ist der eleganteste Reiter, den ich kenne.

—— Um mit ihm mitzuhalten, habe ich mich überzeichnet. Jahrelang griff ich zu grellen Lippenstiften, warf farbige Schatten auf meine

Augenlider, zupfte die Augenbrauen im Stile der Garbo, rang dank neuester dentaler Technik den Zähnen ein unnatürliches Weiß ab. Mein Gesicht erinnerte manchmal an die späten Porträts von Francis Bacon. Meine bayerische Freundin mit ihrem milde derben Humor hätte von Wurstgewitter gesprochen.

— Sie fragen, ob Heiner sich zu meinen Malkünsten geäußert hat?

— Nur ein einziges Mal, bei der Beerdigung eines Cousins, bat er um Zurückhaltung.

— Sie fragen nach Kindern?

— Ach. Damit begann meine eigentliche Leidensgeschichte. Natürlich ging es zunächst nicht darum, Heiner durch Kinder an mich zu binden – ich kenne schlechte Romane genug. Heiner wünschte sich Kinder mit einer ganz unverbildeten Selbstverständlichkeit. Aber gerade weil er sich Kinder wünschte, verweigerte sich mein Körper.

— Nur einen Tag nachdem ich mit großer Geste die Reste meiner Antibabypille weggeworfen und mit Heiner ein Glas Crémant getrunken hatte, setzte eine starke Blutung ein, die übermäßig lange anhielt. Ich scherzte, mein Körper würde sich einer gründlichen Reinigung für die nächsten neun Monate unterziehen. Aber bereits eine Woche später setzte erneut eine Blutung ein, die drei Wochen andauerte. Nach dieser Zeit war mein Vorrat an Ausreden erschöpft. Mein Gynäkologe, den ich widerstrebend aufsuchte, behauptete, bei Frauen, die über einen längeren Zeitraum eine Antibabypille eingenommen hätten – ein kleiner Vorwurf schwang in seiner Stimme mit –, seien starke Blutungen zunächst ganz normal. Drei Wochen später lag ich im Krankenhaus und musste eine Ausschabung über mich ergehen lassen. Ich verbrachte drei Tage mit Angst – grundlos, denn der histologische Befund war unbedenklich. Ich schöpfte Hoffnung, schlenderte sogar durch zwei Geschäfte mit Babybekleidung, dann setzten die Blutungen wieder ein. Ich menstruierte unaufhörlich weiter. Es war, als würde das Leben aus mir heraussickern. Jeden Morgen stand ich mit einer leichten Hoffnung auf, die jäh auf der Toilette starb. Ich wurde zu einer Fachfrau für Tampons und Binden. Und ich hasste es, zur Toilette zu gehen.

—— Ich verschone Sie mit meiner Leidensgeschichte und der Odyssee zu den Fachärzten dieser Republik. Nur so viel: Ich habe während der folgenden zwei Jahre noch vier Ausschabungen gehabt, ich fuhr zweimal zur Kur, machte Entspannungstraining, besuchte eine Selbsthilfegruppe, stahl mich sogar einmal heimlich zu einer Heilerin, aß Astronautennahrung, machte eine Psychotherapie und blutete trotzdem weiter. Die Müdigkeit zog in mich ein, breitete sich immer mehr aus, besetzte das Gehirn, meine Augen, meine Arme, meine Beine, meine Haut.

—— Sie fragen nach Heiner?

—— Er war aufmerksam, rettete mich oft mit seinem feinen Humor, versuchte, jeden Stress zu unterbinden, schlug eine Adoption vor. Nur einmal, als ich aus einem Restaurant hinausrannte, weil das Steak zu blutig war, blieb er, der so gerne Steaks aß, einen Tag überreizt und gleichzeitig hilflos.

—— Und dann geschah das Wunder. Ich kann es nicht anders sagen. Seit Tagen lag auf dem Nachttisch von Heiner ein ledergebundenes Buch. Heiner liest wenig. Meistens nur Kurzgeschichten. Und

Gedichte. Ich hatte bisher keinen Blick in das Buch geworfen, tat es an einem dieser verzweifelten Morgen dann doch, vielleicht weil das Lesezeichen mit einem bitterbösen Motiv von Michael Sowa wie ein Ausrufezeichen wirkte. Es war ein Gedicht von Adelbert von Chamisso. Ich habe bis heute keine Ahnung, wie er an das Buch geraten ist.

EID DER TREUE

Mißtrauest, Liebchen, du der flüchtgen Stunde,
 Des Augenblickes Lust?
Bist Brust an Brust du nicht, und Mund an Munde,
 Der Ewigkeit bewußt?

Ich soll nur dir, und ewig dir gehören;
 Du willst darauf ein Pfand:
Wohlan! Ich wills mit kräftgem Eid beschwören,
 Ich hebe meine Hand:

Ich schwörs, elftausend heilige Jungfrauen,
 Bei eurem keuschen Bart;
Bei Jakobs Leitersprosse, die zu schauen
 In Mailand wird bewahrt;

Ich schwör es noch zu mehrerem Gewichte –
 Ein unerhörter Schwur! –

Beim Vorwort zu des Kaisers Karl Geschichte,
   Und bei des Windes Spur;

Beim Schnee, der auf dem Libanon gefallen
   Im letzt vergangenen Jahr;
Bei Nihil, Nemo und dem andern Allen,
   Was nie sein wird noch war.

Und falls ich dennoch jemals untreu würde,
   Vergäße jemals dein,
So soll mein Eid verbleiben ohne Würde,
   Und ganz unbündig sein!

—Ich liebe Chamisso und seine milde Ironie. Ich spürte, wie mir Tränen die Wange hinunterrollten. Ich hatte während der vergangenen Jahre häufig geweint, aber als ob es diese ganz besonderen Tränenkanäle waren, die geflutet werden mussten, um die andere Quelle zum Versiegen zu bringen. Ich spürte, wie von diesem Gedicht eine Kraft ausging, die meine Müdigkeit zum Verschwinden brachte.

—Sie wollten wissen, ob ich an Wunder glaube. Wenn Wunder Kraft ist, die irgendwo gespeichert ist und einem zufällt, dann ja. Das Gedicht von Chamisso hat offenbar Kraft gespeichert. So wunderbar einfach ist das.

—Seitdem müssen Sie sich mich als eine glückliche Frau vorstellen.

—Der Rest ist Hedwig Courths-Mahler.

*

—— Barbara liest den Text, während ich die *Sportschau* verfolge. Wolfsburg. Die Provinz zaubert.

—— „Kannst du zwischen Fiktion und Realität unterscheiden?"

—— Ein letzter Blick auf die Tabelle. „Ich schlage vor, wir gehen zum Wein über."

—— Sie lacht. „Einverstanden."

—— Ich drücke den Aus-Knopf.

—— Feierabend.

ANGST UND HUMOR

BEIM WEIN

DIE HÖLLE MEINES VATERS WAR DAS DÖRFLICHE SCHÜTZENFEST.

Wir Kinder konnten es kaum erwarten, bis Nachbarn die Straßen mit Girlanden aus weiß-grünen Fähnchen schmückten und endlich auf dem „Rummelplatz" das große Bierzelt von schwitzenden Arbeitern aufgebaut wurde. Und jeden Mittag nach den Schularbeiten schlichen wir uns hin, um zu überwachen, ob der Autoscooter und die Raupenbahn auch dieses Jahr im Dorf Station machten. Mein Vater, den der strenge Calvinismus davor bewahrte, Mitglied im Schützenverein zu werden, war deshalb auch einer der wenigen Männer im Dorf, die nicht drei Tage lang in einer schützengrünen Uniform mit Kordeln und blinkenden Orden behängt im Seefahrerschritt durch die Straßen taumelten und an den Koniferen der Nachbarn ihre schmerzhaft überfüllten Blasen entleerten.

——Und doch stand mein Vater mit weißem Hemd und Krawatte am Straßenrand, wenn der neue König mit der pausbäckigen Dorfschönheit als Königin, mit dem übernächtigten Mundschenk, in der Regel der begabteste Alkoholiker der Region, und dem Prekariats-Adel im festlich geschmückten Wagen vorbeifuhr, und er musste diesem König auch zuwinken, obwohl er häufig ahnte, dass dieser König, der im angetrunkenen Zustand den Vogel abgeschossen hatte und nun für ein Jahr den spendablen Monarchen der Vereine spielte, im Begriff war, sich finanziell zu ruinieren, und sämtliche Rechnungen, die mein

Vater ihm im nächsten Jahr schicken würde, unbeantwortet lassen musste. Ich war immer etwas neidisch auf meinen Freund Hermann-Heinz, der im Umzug meistens direkt hinter seinem Vater, der die große Pauke schlug, mitmarschierte und mich mit einem stolzen Nicken grüßte.

—Am späten Samstagnachmittag sagte mein Vater dann beinahe tonlos: „Ich muss jetzt auf den Rummelplatz." Er band sich die Krawatte ab, zog sich einen alten Anzug an und nahm meine Schwestern und mich, die auf das Startzeichen schon seit einer Stunde sehnsüchtig gewartet hatten, mit. Er bezahlte dann Schaumwaffeln, Autoscooter, Raupenbahn und ich durfte an der Schießbude die weißen Gipsröhrchen zersplittern. Dem Charme dieser roten Plastikrosen, die ich in Bouquetgröße schoss, bin ich noch heute verfallen. Erst danach ging mein Vater zum Bierstand, an dem seine Angestellten und Arbeiter sich bereits in Form getrunken hatten. Er musste drei Runden Rolinck-Bier ausgeben, die er mit stiller Verzweiflung hinunterstürzte, und er musste sich von jedem einen Witz erzählen lassen und einen selbst zum Besten geben. (Er hat mir nie vorab den Witz erzählt, den er parat hatte.) Nach dem dritten Bier ging ein Zittern durch seinen Körper und er nieste zum ersten Mal. Dann verabschiedete er sich hastig, suchte und fand uns bei der Raupenbahn, meine Schwestern durften ohne Verhandlung noch eine Stunde bleiben, ich verließ, einen letzten Blick auf den Autoscooter werfend, mit meinem niesenden Vater den Festplatz. Bevor wir das Haus erreichten, hatte mein Vater bereits mehr als zwanzig Mal in sein immer sauber gebügeltes Taschentuch geniest. An der Tür erwartete meine Mutter uns, verabreiche meinem Vater mit ernster Miene ihre kleinen Kügelchen und schickte ihn sofort ins Bett. Seine Allergie gegen Bier, die in meiner Erinnerung jedes Jahr an Heftigkeit zunahm, hielt das ganze Wochenende an. Kurz vor seinem Tod hat meine Mutter ihn überredet, sich zu verweigern. „Was sollen die nur von mir denken", sagte er und ging in das Wohnzimmer, um eine Platte mit Händelmusik aufzulegen.

Trank mein Vater Alkohol, dann stets nur Wein, in kleinen Mengen und in kleinen Schlucken, so wie er den Abendmahlswein zu sich nahm. Meine erste Flasche Bier trank ich in großer Angst und in der sicheren Erwartung, von einem Niesanfall heimgesucht zu werden, und war etwas enttäuscht, dass nichts passierte. Ein begeisterter Biertrinker bin ich nie geworden. Aber die Begeisterung für schweren Rotwein habe ich kultiviert. Von den roten Plastikrosen der Schießbuden zur Blume des Weins war es nur ein kleiner Schritt. Ich liebe es, abends am häuslichen Tresen Wein zu trinken. Oft kommen Freunde vorbei. Beim Wein kann man ganz gelassen selbst über sperrige Dinge reden. Etwa über den Humor in den Religionen. Wenn es schon keine für alle gültige Wahrheitstheorie mehr gibt, dann gilt unhinterfragt nach 20 Uhr: *in vino veritas*.

„Bei der Religion hört der Spaß auf."

„Tief und wahr."

Die Gründe sind vielfältig. Oft steckt hinter der Abwehr gegen die Religion eine persönliche Verletzungsgeschichte – eine Gottesvergiftung mit Langzeitwirkung. Wer desaströse Erfahrungen mit der Religion und ihrer Angstpolitik gemacht hat, misstraut zu Recht der

Religion. Dann gibt es die Aufklärer jeglicher Couleur, die der christlichen Religion ihre dunkle Geschichte vorhalten und ihr vorrechnen, wie unwissenschaftlich und fantastisch ihre Ursprungsurkunde, die Bibel, sei. Oft sind diese Aufklärer zusätzlich durch biografische Erfahrungen traumatisiert, eine gefährliche Mischung, die dem Humor keine Chance lässt. Oft auch verwechseln diese Aufklärer *Das Wissen der Religion* (Norbert Bolz, 2008) mit ihrem eigenen naturwissenschaftlichen Wissen.

—— Die Klimakatastrophe hat inzwischen auch die Diskurse erreicht. Auffällig, mit welcher Borniertheit, Intoleranz und welchem Missionarseifer heutige Religionskritiker zu Werke gehen. Es ist der alte Kampf um die (welche?) Wahrheit. Die Religion gibt es nicht. Gott gibt es nicht. Eine schleichende Wiederaufrüstung der Kampfzone.

—— Und wie in den guten alten Zeiten der Gewerkschaftsbewegung fängt man an, sich zu organisieren. Mit der Erfahrung einer zweitausendjährigen Geschichte hätte man die Religionskritiker warnen sollen, welche antiaufklärerischen Wellen institutionelle Verkrustungen nach sich ziehen.

—— Seit einigen Jahren haben sich viele Religionskritiker unter dem Schirm der Giordano Bruno Stiftung versammelt. Ihr Vorstandssprecher Michael Schmidt-Salomon veröffentlichte 2005 das *Manifest des evolutionären Humanismus*. Bekannt wurde er mit dem Kinderbuch *Wo bitte geht's zu Gott?, fragte das Ferkel*, illustriert von Helge Nyncke (2007). Diese Fibel beschreibt die Enttäuschung eines Schweins im Galopp durch die Weltreligionen. „Ich wette, der (Gott, K. H.) hat die Geschichte (der Arche Noah, K. H.) bloß erfunden, um uns Angst einzujagen", sagt das Schwein nach dem Besuch des Rabbis. Die Karikatur des Rabbis weckt – hoffentlich unfreiwillig – Assoziationen an die dunkelsten Kapitel deutscher Karikaturkunst. Die katholischen Christen sind wegen ihrer Abendmahlsvorstellung natürlich Menschenfresser und die Muslime Reinlichkeitsfanatiker. Ergebnis: „Als sie wieder zuhause angekommen waren, sagte der kleine Igel: ‚Ferkel, ich weiß jetzt, was uns die ganze Zeit über gefehlt hat ...‘ ‚Was denn?‘, fragte das kleine Ferkel. ‚Ohne Gott haben wir keine Angst!‘, sagte der Igel. ‚Stimmt!‘, meinte das Ferkel. ‚Aber hat dir die Angst gefehlt?‘ ‚Nee!‘ antwortete der kleine Igel. ‚Der Herr Gott mit seinen komischen Dienern kann mir echt gestohlen bleiben.‘ (...) ‚Wer Gott kennt, dem fehlt etwas! Nämlich hier oben ...‘ Das Ferkel tippte sich lachend an die Stirn."

Wer Religion hat, dem fehlt etwas im Hirn. Das Kinderbuch ist die Elementarschule für das *Manifest des evolutionären Humanismus*, das in einem „Glaubst du noch, oder denkst du schon?" mündet. Der Satz erinnert wenigstens humorvoll an die berühmte Ikea-Werbung. In einem Spiegel-Essay *Welt ohne Gott. Ein Plädoyer wider den Glauben* (Nr. 14, 30.03.09) hat die Schriftstellerin Karen Duwe dieses Manifest als „überaus scharfsinnig" bezeichnet. Wer das ernsthaft vor dem Hintergrund deutscher Geistesgeschichte behauptet, müsste auch Utta Danella als überaus stilsicher loben. Offenbar geraten im missionarischen Eifer die Qualitätsstandards atemberaubend schnell unter die Räder. Anlass für den Essay war die Premiere des Dokumentarfilms *Religulous* von Larry Charles, in dem der Entertainer Bill Maher Gottesmänner und Gottesfrauen vorführt. Karen

Duwe ist des Lobes voll. Es gibt fraglos im amerikanischen Glaubensleben viele gestörte, tumbe und dürftige Zeitgenossen, aber der Film geht selbstgerecht immer schon davon aus, es mit einem grotesken Gegenstand zu tun zu haben. Große Kunst ist präzise, dieser Film ist intellektuell peinlich und zielt auf eine demütigende und damit auch grausame Bloßstellung der Interviewten. Der Comiczeichner Ralf König, auch er gehört der Giordano Bruno Stiftung an, hat dagegen, wie seine Comics in der FAZ zur Schöpfungsgeschichte und zu Noah verraten, einen wohltemperierten Humor. (Reinbek 2008)

—— Gelobt werden immer Angelsachsen ob ihres Humors. Manchmal haben Angelsachsen leider einen geschwätzigen Humor. Warum das Buch von Richard Dawkins *Der Gotteswahn* monatelang auf der Spiegel-Bestsellerliste gestanden hat, ist mir ein Rätsel. Dawkins selbst hat die Rätsel der Welt gelöst, weil er mit der Darwin'schen Evolutionstheorie einen Generalschlüssel glaubt gefunden zu haben, mit dem er nicht nur die Naturgeschichte, sondern auch die Religionsgeschichte leichthändig aufschließt. Glauben wird auf den ersten Blick in psychoanalytischen Begriffen als Wahn (delusion) gedeutet. Zustimmend zitiert Dawkins den Autor Pirsig: „Leidet ein Mensch an einer Wahnvorstellung, so nennt man es Geisteskrankheit. Leiden viele Menschen an einer Geisteskrankheit, dann nennt man es Religion." (18) Leider können auch Psychoanalytiker nicht helfen, weil geistige Viren das ehemals gesunde Hirn infiziert haben. In seiner evolutionspsychologischen Sprache nennt er die Fehlfunktionen von Gehirnmodulen als Gründe für den Gotteswahn. Interessant ist Dawkins Theorie, wenn er versucht zu erklären, warum die Religion trotz aller

Darwin'schen Auslese überdauert. Dawkins spricht von Religion als einem „Nebenprodukt": „Das religiöse Verhalten könnte eine Fehlfunktion sein, ein unglückseliges Nebenprodukt einer grundlegenden psychologischen Neigung, die unter anderen Umständen nützlich sein kann oder früher einmal nützlich war. Die Neigung, die bei unseren Vorfahren von der natürlichen Selektion begünstigt wurde, war demnach nicht die Religion als solche, sondern sie hatte einen anderen Nutzeffekt, der sich nur nebenher zufällig als religiöses Verhalten manifestiert." (242) Im Denkschema Darwins hat die Religion keinen Überlebenswert, und doch überdauert sie. Dawkins bietet eine Antwort an, indem er parallel zu den Genen der Naturgeschichte Meme für die Kultur- und Religionsgeschichte entdeckt. Meme sind Einheiten kultureller Vererbung. „Wie bei den Genen im Genpool, so behalten auch diejenigen die Oberhand, die sich selbst gut vervielfältigen können. Das kann daran liegen, dass sie einen direkten Reiz ausüben – dies trifft vermutlich bei manchen Menschen auf das Unsterblichkeitsmem zu." (275) Man ist überrascht, bestenfalls amüsiert, wenn man entdeckt, wie Dawkins „ein mentales Konstrukt, das Mem", verdinglicht und damit jenem „Objektivierungsmechanismus, den er für die Ursünde des religiösen Bewusstseins hält", hinterrücks verfällt. (Friedrich Wilhelm Graf: Der „liebe Gott" als blutrünstiges Ungeheuer, 2008, 25; es gibt natürlich auch kluge Entwürfe zum Atheismus, vgl. Burkhard Müller: Das Konzept Gott – warum wir es nicht brauchen, Frankfurt 2007.)

—Was Dawkins in seinem dicken Buch der Religion vorrechnet, ist hinreichend auch innerhalb der Theologie diskutiert worden. Man tut Dawkins und dem Popper-Schüler Christopher Hitchens (*Der Herr ist kein Hirte*, München 2007) allerdings unrecht, wenn man ihre Bücher nicht vor dem Hintergrund ihrer religiösen Erfahrungen wahrnimmt. Vor allem Hitchens hat abgründige Erfahrungen mit Evangelikalen und Kreationisten in den USA gemacht, die offenbar zu heftigen Abwehrreaktionen nötigen. Dawkins, Hitchens und auch der Franzose Michel Onfray (*Wir brauchen keinen Gott*, 2007) inventarisieren sehr genau die Ungereimtheiten der Bibel und vermessen präzise die Schatten der Christentumsgeschichte, sie machen aber alle den gleichen Fehler. (Natur)Wissenschaftliche Deutungsmodelle sind der biblischen Urkunde schlechterdings unangemessen. Die Bibel ist eine ästhetische Urkunde. Theologen stehen in einer engen Verwandtschaft mit den Germanisten und Kulturwissenschaftlern, nicht mit den Naturwissenschaftlern.

—— Das Wissen der Religion ist ein ästhetisches Wissen. Kreationisten allerdings, die in gewissen Maßen die Bibel und die Schöpfungserzählungen wörtlich nehmen, treten in der Tat in Konkurrenz zu den Neodarwinisten. Beide teilen das gleiche Missverständnis. Beiden ist zu empfehlen, die biblischen Texte als ästhetische Urkunden, als Literatur zu rezipieren. Als Literatur mit Humor, die auf einen Erzähler zurückgeht, der selbstredend gelacht hat.

—— Diese These ist durchaus nicht selbstverständlich. Ich erinnere nur an den weltweiten Erfolg des Romans von Umberto Eco *Im Namen der Rose*, der um die Frage kreiste, ob der historische Jesus gelacht habe und ob aus der Feder des göttlichen Aristoteles ein Buch über das Lachen stamme. Die Frage ist relativ leicht zu beantworten.

Gesteuert wird die Frage durch die latente Körperfeindlichkeit des späteren Christentums. Nochmals: Der Idee nach ist das Wirken des historischen Jesus körperfreundlich. Er inszeniert keine verkopfte Etepetete-Religion. Man darf im Rekurs auf die größte literarische Leistung des Erzählers Jesus von Nazaret, im Rekurs auf das Gleichnis vom barmherzigen Samariter, die Elementargleichung aufstellen: *Christentum = Überwindung des Ekels.* Zum integralen Menschsein gehören Schweiß, Blut und Kot. Lachen ist entsprechend eine positive Körperreaktion. Beim Lachen verliert „die menschliche Person ihre Beherrschung, indem der Körper gewissermaßen für sie die Antwort übernimmt". (Helmuth Plessner, Lachen und Weinen, 1970, 121) Eine körperfeindliche Version des Christentums kann es nicht zulassen, dass in bestimmten Situationen der Körper die Herrschaft übernimmt und der Geist auf den zweiten Platz verwiesen wird. Für eine körperfreundliche Religion wie die des historischen Jesus dagegen ist das Lachen angemessener Ausdruck von Lebensfreude.

——Noch ein Spezifikum christlichen Humors lässt sich an der historischen Person des Jesus von Nazaret ablesen. In seiner eigenen Lebensgeschichte hat er, um mit Rorty zu reden, Demütigungen durch die Soldatenclique und Grausamkeit durch die damals grausamste Todesstrafe einer Kreuzigung erlitten. Ein Humorstrang im Christentum speist sich deshalb aus der österlichen Überwindung der Demütigung und der Grausamkeit. Werner Thiede hat in einer der wenigen Studien zum Thema allen Nachdruck auf *Das verheißene Lachen* (1986; vgl. Christoph Peter Baumann: Humor und Religion, 2008) gelegt und von einem „Trotzdem-Lachen" gesprochen. Lukas erzählt konsequent (6,21) vom Lachen der himmlisch Erlösten. Leider ist das in der Volksfrömmigkeit lange gepflegte Osterlachen am Ostermorgen als Verlachen des Todes aus der Mode gekommen.

——— Eine Religion, die die Erfahrung der Demütigung und Grausamkeit verarbeitet hat, ist deshalb auch souverän gegenüber humoresker Hintertreibung. Des Trotzdem-Lachens wegen ist das Christentum gegen Beleidigungen auch durch Karikaturen immun. Ja. Es gibt Niveaulosigkeit und Dummheit, wer sich damit herumschlagen muss, reagiert leicht genervt – in diesen Augenblicken empfiehlt sich der überlegene Humor und die souveräne Gelassenheit des Apostels Paulus aus Tarsus: „Wenn man uns beschimpft, antworten wir mit freundlichen Worten." (1 Korinther 4,13)

——— Ein zweiter Humorstrang leitet sich vom impliziten Humor der jesuanischen Erzählungen her. Als Jude war Jesus selbstredend mit dem jüdischen Humor der jüdischen Parabeln vertraut. Mir hat nie eingeleuchtet, dass man Jesus von Nazaret den sprichwörtlichen jüdischen Humor absprechen und ihn auf den Ernst festlegen will.

——— Die Formen des Humors bei Jesus sind beeindruckend vielfältig (vgl. auch Peter Bloch: Der fröhliche Jesus, 1999, 127–180). Am Beispiel des Gleichnisses vom barmherzigen Samariter will ich einige Humorformen herausstreichen.

——— An zentraler Stelle im Gleichnis greift Jesus auf ein *Wortspiel* zurück: Erbarmen verweist auf Mutterschoß und Blutsverwandtschaft, steht also für die Pointe des Gleichnisses. An anderer Stelle kann Lukas Jesus sogar surreale Wortspiele in den Mund legen, wenn er von „schreienden Steinen" (Lukas 19,40) spricht.

—— Das Gleichnis vom barmherzigen Samariter fängt mit dem Satz an: Ein Mensch fiel unter die Räuber. Ein Mensch – ins Hebräische rückübersetzt: Adam also. Mit diesem Wort wird sofort auf die Schöpfungserzählung angespielt. Jesu Gesprächspartner übersieht zunächst die *ironische Markierung* und benötigt lange, um die Pointe der Geschichte zu verstehen.

—— Viele Gleichnisse Jesu strotzen oft vor *Übertreibungen*. Dass im Gleichnis vom barmherzigen Samariter nicht nur ein Vertreter der Kultklasse, der Priester, sondern auch noch ein Zweiter, ein Levit, an dem Überfallenen vorbeigehen, ist eine markante Übertreibung. Erst der dritte Protagonist bringt den Umschwung. (Zahllose Witze funktionieren bekanntlich nach diesem Schema.)

—— *Spott* schwingt mit, wenn die Vertreter der Kultklasse, die sich vom hochgelegenen Jerusalem, wo sich das Heiligtum befindet, auf dem Weg nach unten in die Niederungen von Jericho befinden, es an Menschlichkeit fehlen lassen und ängstlich reagieren.

—— *Schlagfertig* zeigt sich Jesus in der Rahmenhandlung der Geschichte, wenn er eine Gegenfrage stellt. Der Schriftgelehrte, der wissen will, wer der Nächste sei, wird gefragt, was er denn im Gesetz lese – mit der Pointe, dass er hier dem Wortspiel von lesen = wiedererkennen begegnet. Dieses Wiedererkennen funktioniert beim Schriftgelehrten lange nicht.

—— *Lapidar* ist die Antwort, die auf das Zitat des Schriftgelehrten folgt: „Du hast recht geantwortet; tue das, so wirst du leben." Die Antwort reicht dem Schriftgelehrten nicht, er möchte konkret wissen, wer der Nächste sei.

—— Die *humorvolle Spitze* verbirgt sich im Perspektivenwechsel am Ende der Geschichte. Jetzt nämlich fragt Jesus: „Welcher dünkt dich, der unter diesen Dreien der Nächste sei gewesen dem, der unter die Mörder gefallen war?" Damit nötigt Jesus den Schriftkundigen, sich mit dem Überfallenen zu identifizieren, sich also im Staub zu wälzen und unrein zu werden. Dieser dramatische Perspektivenwechsel entbehrt nicht einer grotesken Komik. Der durch Lukas inszenierte Humor ist übrigens sehr viel eleganter als etwa bei Matthäus. Mit einem drastischen Wortbild werden die Reinheitsregeln der Gegner in 15,11 charakterisiert: „Was zum Mund hineingeht, das macht den Menschen nicht unrein, sondern was aus dem Mund herauskommt, das macht den Menschen unrein." Und Gegner werden in Matthäus 23, 24 karikiert, als würden sie „Mücken seihen und Kamele verschlucken".

—— *Dramatisch* und inszenatorisch (auch ein wenig hinterrücks) ist der Humor im Gleichnis vom barmherzigen Samariter, denn wenn der Gesprächspartner sich mit dem Überfallenen identifiziert, wirft er sich in den Staub und verbeugt sich somit vor Jesus – ohne es vielleicht zu wissen, erkennt er damit Jesus an, den er doch offensichtlich prüfen wollte.

—— *Kreativ* ist der Humor, weil Jesus den Gesprächspartner, sofern er sich auf die Szenen der Geschichte einlässt, wirklich verwandelt. Er macht eine Neuschöpfung durch, weil er wie Adam aus dem Staub zum aufrechten Gang aufgerichtet wird.

—— Wechselt der Schriftgelehrte durch die Erfahrung, die er im Gleichnis macht, die Brille, dann trifft auch auf ihn der *paradoxe*

Humor des Jesus von Nazaret zu: Die Letzten werden die Ersten sein (Matthäus 20,16).

―― Kurz: Der Humor zielt nicht nur auf eine spätere Verheißung, sondern das Himmelreich lässt sich im Hier und Jetzt erfahren. Dieser Humor inszeniert eine solidarische Wahrnehmung der Menschen, bewahrt vor Grausamkeit und Verletzung. So stark kann eine Erzählung und so stark kann Literatur sein. Und sehr menschenklug warnt Jesus vor Überforderung: Man soll den Nächsten lieben wie sich selbst (Lev 19,18). Nicht mehr und nicht weniger. Auch in Fragen der Solidarität gibt es Fantasten und schwermütige Träumer.

―― Darin also besteht die ästhetische Idee des undogmatischen und aufgeklärten Christentums, wie ich sie exemplarisch aus einem Gleichnis des Geschichtenerzählers Jesus von Nazaret entwickelt habe: Sie feiert und akzeptiert die Körperlichkeit in all ihren Facetten; sie setzt sich über den Ekel hinweg; sie liebt den Humor als Inszenierung einer Neuschöpfung und als Freude über einen guten Ausgang; sie erlebt die Liebe als Abwesenheit von Furcht und Angst.

―― Kein schlechtes Angebot. Mehr menschengemäße Entängstigung ist schwer vorstellbar. Ein Angebot, das man nicht ausschlagen sollte.

―― „Gibt es eigentlich einen guten religiösen Witz zur Nacht?" Barbara streicht sich die Haare aus dem Gesicht.

―― „Ich habe sogar einen sehr guten Witz neulich bei Eckart von Hirschhausen gelesen (zitiert in Petra Schulze, Hg.: Beffchen, Bibel, Butterkuchen, Frankfurt 2009, 52). Der Witz geht so: Jesus ist mit der ganzen Gefolgschaft unterwegs, da sieht er, wie eine Frau auf dem

Marktplatz gesteinigt wird. Der Meister ruft: ‚Haltet ein, was hat diese arme Frau getan?' Das Volk ruft: ‚Sie hat gesündigt!' Darauf Jesus: ‚Wer ohne Sünde ist, der werfe jetzt den ersten Stein!' Alle werden still, mitten in das betretene Schweigen hinein fliegt von hinter Jesus ein Stein in Richtung Sünderin. Ohne sich umzudrehen zischt Jesus: ‚Mutter, du nervst.'"

—— Ein erlösendes Lachen.

LITERATUR ALS ÜBUNGSRAUM GEGEN DIE ANGST

ICH LEBTE LANGE AUS DEM KOFFERRADIO.

„Du hast leider eine wacklige Gesundheit", sagte meine Mutter, wenn sich eine Erkältung oder ein Asthmaanfall ankündigten. In meinen Ohren klang der Satz eher wie eine Verheißung. Und der Ausdruck *wacklig* ließ mich immer an den Wackeldackel denken, der auf der Hutablage im Audi meines Onkels Albert jedes Loch im Asphalt kommentierte, wenn wir Kolonne zum Kaffeetrinken nach Bad Bentheim fuhren. Ich ließ dann bereits an den frühen Nachmittagen mit einem ohrenbetäubenden Krachen die Jalousien nach unten und sperrte die laute und helle Welt aus. Nicht eine Ritze ließ ich frei, korrigierte so lange mit dem Gurt die Jalousie, bis die Nacht komplett war und ich das Gejohle und das Lachen der spielenden Freunde nicht mehr hörte. Wahrscheinlich, sehr wahrscheinlich sogar, haben mich meine Freunde bedauert. Sie wussten nicht, wie beschützt ich mich in meinem Bunker fühlte. Meine Mutter kam stündlich, brachte mir Milch mit Kaba und den Hustensaft, dessen falsche Süße den bitteren Geschmack nur unzureichend überdeckte.

——Kurze Zeit, nachdem das laute Ratschen der Jalousie das Haus erschüttert hatte, kam mein Vater, in der Hand das Kofferradio, das im Alltag auf dem Fußboden neben seinem Schreibtisch stand. Er stellte es mir auf den Nachttisch, setzte sich kurz auf die Bettkante, legte mir eine Hand auf die Stirn, um zu prüfen, ob ich fieberte. „Hat es dich wieder erwischt", sagte mein Vater, der mich fraglos lieber bei einem Streich erwischt hätte, mit einem Kummer in der Stimme, der wortlos andeutete, wie leid es ihm tat, mir seine schlechten Bronchien vererbt zu haben. „Im Herbst gehst du wieder zu einer Kur nach Borkum. Der Golfstrom wird dir helfen. Vielleicht kann dich dein Freund Friedhelm begleiten, dann ist es nicht ganz so langweilig für dich." Er drückte mir die Hand, stand bereits wieder: „Mit dem Kofferradio kennst du dich ja aus."

—— Das Kofferradio war ein Schaub Lorenz, ein grauer Kasten, über dessen Gewicht ich jedes Mal überrascht war. Ich stellte das Kofferradio vor mein Bett, suchte mit dem linken Knopf die Sender und justierte mit der rechten Hand die silberne Antenne. Gelegentlich hörte ich RTL, Frank Elstner, die Stimme Luxemburgs, meistens aber Hilversum, weil ich wusste, es freute meinen Vater, wenn holländische Stimmen im Hause waren. Oft knipste ich die Nachttischlampe aus, weil ich es liebte, wenn das schmale Lichtband auf der Armatur das Zimmer nur schwach erleuchtete. Ich war jetzt in einem U-Boot unterwegs und navigierte durch die Dunkelheit. Es war die ideale Einstimmung auf die Lesenacht.

—— Nach dem Abendbrot schauten meine Schwestern und meine Großmutter vorbei, mit Büchern beladen. Manchmal hatte ich meine Schwestern im Verdacht, sie ließen mich ihre Schullektüre verschlingen und hörten dann scheinbar interessiert zu, was ich erlesen hatte. Ich war ein manischer Bücherleser und später ein manischer Bücherkäufer und Büchertrinker geworden. Ich probte durch die Lektüren viele Leben aus, schlüpfte in meinem Bunker in unzählige Charaktere, spielte, bevor ich den Begriff kannte, fröhlich fernöstliche Reinkar-

nation. Ich habe, hinter den grauen Jalousien beschützt, stellvertretend spannender gelebt als meine Freunde draußen. Was ich heute
weiß, habe ich durch die Lektüre erfahren. Ich bin also meinem Vater
für die schwachen Bronchien, die er mir vererbt hat, sehr dankbar.

— Und in den Pausen, niemals während der Lektüre, schaltete ich
den Schaub Lorenz an und wiederholte in der Fantasie, was ich gelesen hatte. Noch lange nach dem Tod meines Vaters bin ich, als die
Technik längst anderes versprach, mit dem alten Schaub Lorenz von
Studentenbude zu Studentenbude umgezogen, bis das Kofferradio
endgültig den Geist aufgab und kein Radiotechniker es mehr repa-
rieren konnte.

— Vielleicht sind es diese prägenden Lesenächte, die mich auch wis-
senschaftlich in eine Richtung gedrängt haben: Literatur ist der
Übungsraum gegen die Angst. Und jetzt, am Ende des Essays, ist es
mir plötzlich klar: Theologie, Philosophie und Psychotherapie, die
Agenturen gegen die Angst, sind die Mägde der Literatur.

— Mit Kierkegaards Existenzialismus fing alles an, nachdem die
Hölle plötzlich leer war.

— Es gibt kein Leben ohne Angst! Das war Kierkegaards ursprüngliche Einsicht. Jeder Mensch wird von der existenziellen Angst heimgesucht, seinen Lebensentwurf zu verfehlen. Angesiedelt wird der
Lebensentwurf in einem Spielraum, der aus der eigenen Endlichkeit
und den (scheinbar) unendlichen Möglichkeiten, die sich bieten, ge-
bildet wird. Dämonisch wird die Angst nach Kierkegaard, wenn man
aus eigener Kraft das Spiel zwischen Freiheit und Notwendigkeit
austarieren will. Für Kierkegaard gilt es als ausgemacht, dass man nur

im Glauben (als Negation des Verhaltens, aus eigener Kraft Ruhe und Stabilität erreichen zu wollen) Ruhe findet und die verzweifelte Angst überwindet. Als Maßstab für ein gelingendes Verhalten gilt nach Kierkegaard Jesus Christus. Die Schwäche seines Ansatzes besteht darin, auch in seinen *Erbaulichen Reden*, die stark literarische Züge aufweisen, keinen Jesus zu porträtieren, der eine Erfahrung erlaubt, wie man angstfrei, also in einer Balance seiner anthropologischen Bedingungen leben soll. Der von Kierkegaard vorgestellte Jesus bleibt seltsam fleischlos. Man versteht nicht genau, warum man den Sprung in den Glauben wagen soll.

—— Heidegger verweigert sich der von Kierkegaard betriebenen Dämonisierung der Angst, aus eigenen Kräften das Leben bestehen zu wollen. Was Kierkegaard als Sünde stigmatisiert, das Projekt der Selbsterschaffung, geht Heidegger mit einer großen aufklärerischen Konsequenz an. Wenn Sprache Verhaltensspielräume und Verhalten erschließt, geht es darum, nicht ein Sklave der Sprache, in die man hineingeboren wurde, zu bleiben. „Sprache ist etwas, was man erbt, man ist nie ganz man selbst, wenn man spricht." (Cees Nooteboom: Nachts kommen die Füchse, 2009, 37) Darin besteht Heideggers Angst: nie ganz man selbst zu sein. Nur wer in einem gereinigten und renovierten Vokabular lebt, kann einen Anspruch darauf erheben, das Projekt der Selbsterschaffung vorangetrieben zu haben. Wohl nicht zufällig endet der späte Heidegger im Niemandsland zwischen Denken und Dichten und erinnert dabei ein wenig an die berühmte Geschichte von Peter Bichsel (Ein Tisch ist ein Tisch), in der ein alter Mann so lange alle Dinge umbenennt, bis ihn keiner mehr versteht.

—— Richard Rorty ist radikaler. Er glaubt nicht daran, dass erlesene Worte dem Nichtkontingenten und Unhistorischen näher sind als andere Worte. Wenn Sprache Spielräume und Verhalten erschließt, müssen Grausamkeit und Schmerz verhindert werden, weil die Sprache andernfalls verstummt. Darin besteht die Aufgabe der Literatur (für Rorty aber auch der Tageszeitungen, der Comics): für Grausamkeiten, Demütigungen und Schmerzen zu sensibilisieren und Solidarität einzuüben. Durchaus konsequent wird die Philosophie bei Rorty zur Magd der Literatur. Angstfrei im Sinne Rortys ist, wer es schafft, die Kontingenzen als Kontingenzen anzuerkennen.

—— Die erste Liga der Psychotherapeuten hat, wenn ich recht sehe, ebenfalls die frühe Begeisterung über ein elementares Vokabular abgelegt. C. G. Jungs Rede von einem archetypischen Bilderhaushalt findet zunehmend weniger Anhänger, und das von Sigmund Freud zum Teil aus der Antike entliehene, zum Teil neu geschöpfte Vokabular wird inzwischen umgeschrieben. Auch die Riemann'schen Typologien, zwanghaft, hysterisch, depressiv, schizoid, werden als Versuche entlarvt, gegen alle Kontingenzen auf physikalische Kräfte und „Tatsachen" zurückzugreifen. Täusche ich mich nicht, dann ist auch die Psychotherapie im Begriff, durch eine genaue Fallstudienliteratur die Gattungsgrenze zur Literatur einzuebnen. Im glücklichen Fall schreibt sie gute Literatur, in der sich Leser wiedererkennen können und die sensibel macht für Verletzungen.

Und die Theologie? Sie ist gleichsam die Dritte im Bunde. Auch das Vokabular der christlichen Theologen ist letztlich kontingent (es gibt bekanntlich andere religiöse Vokabularien), aber gleichwohl glaubt die Theologie daran, in den biblischen Erzählungen ein Vokabular zu besitzen, das Solidarität exemplarisch erschließt und damit den Menschen die Angst nimmt, das Leben allein bestehen zu müssen. Oft allerdings muss die Kraft, die in der biblischen Literatur gespeichert ist, behutsam freigelegt werden. Wer sich aber auf die Erschließungskraft dieser Literatur einlässt, erfährt, wie sich eine solidarische Sicht der Welt erschließt, die den alten Tun-Ergehen-Zusammenhang übersteigt und Geschichten gut ausgehen lässt. Für mich ist Jesus derjenige Mensch, der diese tiefe Sensibilität und Verbundenheit mit allen Menschen neu erschlossen und gelebt hat. Man ist nicht allein. Und: Wer sich auf die Kraft der Literatur einlässt, kann die Neuschöpfung lesend erleben. Literatur *handelt* und kann verwandeln. Sie kann sogar mit viel Humor radikal und nachvollziehbar verwandeln. Man lebt dann in einem neuen Vokabular der Solidarität, in einer neuen Sicht der Welt, die man nicht selbst erschaffen musste. Das entlastet enorm. Den eigenen Kräften entsprechend soll man sich in diesem durch das Leben Jesu erschlossenen Spielraum bewegen und eine Balance zwischen Überforderung und Unterforderung finden. Kontingenz, Ironie und Solidarität.

——Aufgabe der Theologen ist es, dieses Vokabular immer wieder von schlechten Überschreibungen zu reinigen. Wenn es gut läuft, ist die Theologie eine Magd der (biblischen) Literatur. Und niemand hindert sie daran, (auch filmische) Fortschreibungen, die heutige Formen der Verletzungen und Demütigung markieren und heutige Ängste genau registrieren, zu bearbeiten.

—— Diese drei: Philosophie, Psychotherapie und Theologie sind Mägde der Literatur und manchmal auch Produzenten von Literatur. Sie sind es in jeweils eigener Weise. Die Philosophie steht in einem dienenden Gespräch mit der Literatur, die für all das, was Menschen ängstigt, sensibilisiert. Die Psychotherapie erzählt stellvertretend Geschichten mit der Angst und kommentiert sie gleichzeitig. Und die Theologie ist Magd der biblischen Literatur, die entängstigen will. Die Theologie zeigt, wie Literatur Leser verwandelt und wie die biblischen Texte als Gesten der Solidarität im Körper auferstehen. (Klaas Huizing: Handfestes Christentum, 2007)

—— Je stärker die Literatur, desto größer die Kunst der Entängstigung.

—— Das Gleichnis vom barmherzigen Samariter ist vielleicht die stärkste biblische Literatur. Ein Übungsraum gegen die Angst.

DER BARMHERZIGE SAMARITER.

(Lukas 10) [25] Da stand ein Gesetzeslehrer auf und sagte, um ihn auf die Probe zu stellen: Meister, was muss ich tun, damit ich ewiges Leben erbe? [26] Er sagte zu ihm: Was steht im Gesetz geschrieben? Was liest du da? [27] Der antwortete: Du sollst den Herrn, deinen Gott, lieben mit deinem ganzen Herzen und mit deiner ganzen Seele und mit all deiner Kraft und mit deinem ganzen Verstand, und deinen Nächsten wie dich selbst. [28] Er sagte zu ihm: Recht hast du; tu das, und du wirst leben. [29] Der aber wollte sich rechtfertigen und sagte zu Jesus: Und wer ist mein Nächster? [30] Jesus gab ihm zur Antwort: Ein

Mensch ging von Jerusalem nach Jericho hinab und fiel unter die Räuber. Die zogen ihn aus, schlugen ihn nieder, machten sich davon und ließen ihn halbtot liegen. [31] Zufällig kam ein Priester denselben Weg herab, sah ihn und ging vorüber. [32] Auch ein Levit, der an den Ort kam, sah ihn und ging vorüber. [33] Ein Samaritaner aber, der unterwegs war, kam vorbei, sah ihn und fühlte Mitleid. [34] Und er ging zu ihm hin, goss Öl und Wein auf seine Wunden und verband sie ihm. Dann hob er ihn auf sein Reittier und brachte ihn in ein Wirtshaus und sorgte für ihn. [35] Am andern Morgen zog er zwei Denare hervor und gab sie dem Wirt und sagte: Sorge für ihn! Und was du darüber hinaus aufwendest, werde ich dir erstatten, wenn ich wieder vorbeikomme. [36] Wer von diesen dreien, meinst du, ist dem, der unter die Räuber fiel, der Nächste geworden? [37] Der sagte: Derjenige, der ihm Barmherzigkeit erwiesen hat. Da sagte Jesus zu ihm: Geh auch du und handle ebenso.

LITERATURVERZEICHNIS

Bandelow, Borwin: Das Angstbuch. Woher Ängste kommen und wie man sie bekämpfen kann, Reinbek bei Hamburg, 6. Auflage 2008.

Baumann, Christoph Peter: Humor und Religion. Worüber man lacht – oder besser nicht, Stuttgart 2008.

Beutel, Albrecht: Antwort und Wort. Protestantische Konkretionen. Studien zur Kirchengeschichte, Tübingen 1998.

Bloch, Peter: Der fröhliche Jesus. Die Entdeckung seines Humors in den Evangelien, Stuttgart 1999.

Bolz, Norbert: Das Wissen der Religion. Betrachtungen eines religiös Unmusikalischen, München 2008.

Boyle, T. C.: Grün ist die Hoffnung. Eine Pastorale, München 1993.

Dawkins, Richard: Der Gotteswahn, Berlin 2008.

Drewermann, Eugen: Tiefenpsychologie und Exegese; Bd. 1: Traum, Mythen, Märchen, Sage und Legende, Olten 1990; Bd. 2: Wunder, Vision, Weissagung, Apokalypse, Geschichte, Gleichnis, Olten 1990.

Freud, Sigmund: Hysterie und Angst. Studienausgabe, Frankfurt am Main 2000.

Fried, Johannes: Aufstieg aus dem Untergang. Apokalyptisches Denken und die Entstehung der modernen Naturwissenschaft im Mittelalter, München 2001.

Fromm, Erich: Die Furcht vor der Freiheit, München 1993.

Graf, Friedrich Wilhelm: Der ‚liebe Gott' als blutrünstiges Ungeheuer. Richard Dawkins und Christopher Hitchens – ein biologistischer Hassprediger und ein liberaler Skeptiker greifen in ihren Büchern die

Religion an. In: Magnus Striet (Hg.): Wiederkehr des Atheismus, Fluch oder Segen für die Theologie, Freiburg 2008, 21–28.

Graf, Friedrich Wilhelm: Missbrauchte Götter. Zum Menschenbilderstreit in der Moderne, München 2009.

Härle, Wilfried: Dogmatik, Berlin, New York 1995.

Heidegger, Martin: Sein und Zeit, 15. Auflage, Tübingen 1979.

Hirschhausen, Eckart von: Glück kommt selten allein. Von Gut und Böse, in: Schulze, Petra: Beffchen, Bibel, Butterkuchen. Expedition ins evangelische Leben, Frankfurt am Main 2009, 45–52.

Hitchens, Christopher: Der Herr ist kein Hirte. Wie Religion die Welt vergiftet, München 2007.

Hörisch, Jochen: Theorie-Apotheke. Eine Handreichung zu den humanwissenschaftlichen Theorien der letzten fünfzig Jahre, einschließlich ihrer Risiken und Nebenwirkungen, Frankfurt am Main 2004.

Hörisch, Jochen: Das Wissen der Literatur, München 2007.

Hörisch, Jochen: Bedeutsamkeit. Über den Zusammenhang von Zeit, Sinn und Medien, München 2009.

Huizing, Klaas: Handfestes Christentum. Eine kleine Kunstgeschichte christlicher Gesten, Gütersloh 2007.

Huizing, Klaas: Johannes Calvin ... und was vom Reformator übrig bleibt, 4. Auflage, Frankfurt am Main 2009.

Jung, Carl Gustav: Psychologische Typen, in: Gesammelte Werke und andere Schriften, Bd. 6, Düsseldorf 1960.

Kierkegaard, Sören: Der Begriff Angst, in: Gesammelte Werke, 11. und 12. Abteilung, übersetzt von Emanuel Hirsch, Düsseldorf 1952.

Kierkegaard, Sören: Die Krankheit zum Tode, in: Gesammelte Werke, 24. und 25. Abteilung, übersetzt von Emanuel Hirsch, Düsseldorf 1954.

König, Ralf: Archetyp, Reinbek 2008.

Mercier, Pascal: Nachtzug nach Lissabon, 29. Auflage, München 2006.

Minkmar, Nils: Mit dem Kopf durch die Welt: Ganz persönliche Geschichten aus der Normalität, Frankfurt am Main 2009.

Müller, Burkhard: Das Konzept Gott – warum wir es nicht brauchen. In: Merkur 61 (2007), 93–102.

Nooteboom, Cees: Nachts kommen die Füchse. Erzählungen, Frankfurt am Main 2009.

Onfray, Michel: Wir brauchen keinen Gott. Warum man jetzt Atheist sein muss, München 2007.

Plessner, Helmuth: Lachen und Weinen, in: ders.: Philosophische Anthropologie, Frankfurt am Main 1970.

Rank, Otto: Das Trauma der Geburt und seine Bedeutung in der Psychoanalyse, Leipzig, Wien, Zürich 1924.

Riemann, Fritz: Lebenshilfe Astrologie: Gedanken und Erfahrungen, Stuttgart 2005.

Riemann, Fritz: Die Fähigkeit zu lieben, 8. Auflage, München 2008.

Riemann, Fritz: Grundformen der Angst. Eine tiefenpsychologische Studie, 39. Auflage, München 2009.

Rorty, Richard: Kontingenz, Ironie und Solidarität, Frankfurt am Main 1989.

Schlaffer, Heinz: Die kurze Geschichte der deutschen Literatur, München 2002.

Schmidbauer, Wolfgang: Lebensgefühl Angst. Jeder hat sie. Keiner will sie. Was wir gegen die Angst tun können, Freiburg, Basel, Wien 2005.

Schmidt-Salomon, Michael: Manifest des evolutionären Humanismus, Aschaffenburg 2005.

Schmidt-Salomon, Michael; Nyncke, Helge: Wo bitte geht's zu Gott? fragte das Ferkel. Ein Buch für alle, die sich nichts vormachen lassen, Aschaffenburg 2007.

Siebelink, Jan: Im Garten des Vaters. Roman. Aus dem Niederländischen von Bettina Bach, Zürich, Hamburg 2007.

Sloterdijk, Peter: Gottes Eifer. Vom Kampf der drei Monotheismen, Frankfurt am Main 2007.

Sloterdijk, Peter: Du mußt dein Leben ändern. Über Anthropotechnik, Frankfurt am Main 2009.

Thiede, Werner: Das verheißene Lachen. Humor in theologischer Perspektive, Göttingen 1986.

Timm, Hermann: Zwischenfälle. Die religiöse Grundierung des Alltags. Gütersloh 1983.

Timm, Hermann: Sage und Schreibe. Inszenierungen religiöser Lesekultur, Kampen 1995.

Timm, Hermann: Von Angesicht zu Angesicht. Morphische Anthropologie, Gütersloh 1992.

Vlautin, Willy: Northline. Roman, Berlin 2009.

Vorgrimler, Herbert: Geschichte der Hölle, München, 2. Auflage, 1994.

Wandruszka: Mario: Angst und Mut, Stuttgart 1981.

Yalom, Irvin D.: Der Panama-Hut oder Was einen guten Therapeuten ausmacht, 10. Auflage, München 2002.

Yalom, Irvin D.: Und Nietzsche weinte, Roman, 19. Auflage, München 2009.

Für viele Gespräche und Vorschläge danke ich
herzlich Barbara Wackernagel-Jacobs, Michael Bauer und
Dr. Elke Rutzenhöfer.

KLAAS HUIZING,

1958 in Nordhorn geboren, schreibt stilistisch brillante und erfolgreiche Romane. Der Theologe lehrt als Professor für Systematische Theologie an der Universität Würzburg und ist Chefredakteur des Kulturmagazins „OPUS" in Saarbrücken. 2003/2004 erhielt er das Jahresstipendium im Internationalen Künstlerhaus Villa Concordia in Bamberg. Seine Romane, unter anderem „Der Buchtrinker" und der Kant-Roman „Das Ding an sich", wurden in zahlreiche Sprachen übersetzt. Seinen Roman „In Schrebers Garten" (2008) beurteilte Martin Halter in der Frankfurter Allgemeinen Zeitung als „zart und glücklich hingewundert". 2009 erschien seine vielbeachtete Monografie „Calvin ... und was vom Reformator übrig bleibt" in der edition chrismon.

„Klaas Huizing ist einer der begabtesten Erzähler unserer Zeit."

tz, München

„Ein Roman von beklemmender Eindringlichkeit."

Die NZZ über den Roman „In Schrebers Garten"